JN312482

大学生のための
日本語表現トレーニング

スキルアップ編　　橋本　修／安部朋世／福嶋健伸［編著］

テキスト

三省堂

本文組版・装幀　五味崇宏

はじめに

　本書は、大学生活に必要な日本語表現を、効率的に、分かりやすく学べるように編集したものです。本書で学ぶことによって、自己紹介やノートのとり方から、レポートの書き方に至るまで、幅広い表現能力を無理なくスキルアップさせることができます。

【本書の対象】
○ 大学生活に必要な日本語表現能力を身につけたい大学1年生
○ 日本語表現能力をより向上させたい大学2・3・4年生
○ 大学に進学予定の高校生
○ 日本語能力試験1級レベル以上の留学生

　本書は、大学生の初年次教育や入学前教育にも適しています。特に、高校と大学の違いにとまどっている人や、表現上のポイントがよく分からないという人に大きな効力を発揮します。

【本書の6つの特長】
○ 「テキストによる導入」→「トレーニングシートを用いた作業」→「テキストによる丁寧な解説」という能動的な学習スタイルを実現しました。活字ばかりを目で追う受動的な学習とは異なり、飽きることなく取り組めます。
○ トレーニングシートに取り組む前と後を比べることにより、スキルアップを実感できる仕組みになっているので、短時間で学習効果を確認できます。
○ 💡（表現上のポイント）により、どこに力点をおいて考えればよいのか、一目で分かります。
○ 1章分の分量が、大学の授業1～2回分に対応しており、集中力が持続できるようになっています。
○ 約500名の大学生にアンケート調査を行い、実際の大学生活に必要なテーマを厳選しました。
○ 「基礎ドリル」で、間違えやすい、表現のルールや語句を、集中的にトレーニングできます。

【本書の使い方】

1. このテキストと、別冊のトレーニングシートの2冊を使って学習を進めます。
2. まず、このテキストを読み進めてください。読み進めると、'▷'が出てきます。このマークが出てきたら、テキストの指示に従ってトレーニングシートの課題に取り組んでください。
3. トレーニングシートの課題が終わると、'📖'があります。'📖'が示すテキストのページに戻って、再びテキストを読み進めてください。
4. トレーニングシートには、必要に応じて「基礎ドリル」が付いています。積極的に挑戦してみてください（「基礎ドリル」の解説は76〜78ページ）。
5. 課題をするにあたって、トレーニングシートのスペースが足りなくなった場合は、余白やノートに書いても結構です（教員の指示がある場合は、それに従ってください）。
6. 最初から順を追って取り組む方が分かりやすいのですが、興味のあるところを読むだけでも十分スキルアップします。
7. 課題はいくつかありますが、課題1に取り組むだけでも、確実にスキルアップします（課題1は、特にテキスト中にも記載し、丁寧な解説をつけています）。課題2以降が難しいようであれば、飛ばしても構いません。
8. 8章・9章では、インターネットができるパソコンが必要ですが、その他の章では、特に機材は必要ありません。
9. 8章・9章・13章では図書館を利用します。大学の図書館などを、実際に利用してみてください。
10. 2人以上で学ぶとより楽しめる課題もあるので、友達と一緒に勉強するという使い方もできます。

〈本書を教科書として利用する先生方へ〉

　本書は、半期・通年の別を問わず、大学の授業の教科書として使いやすいように作ってあります。本書を教科書として採用してくださる先生には、指導資料を提供しております。詳しくは、三省堂HP（http://www.sanseido.co.jp/）をご覧ください。

※本書の内容は、URL情報なども含め2008年6月30日時点のものです。最新のURLやサイトの情報等については、三省堂のHPにあるスキルアップ編の「詳細ページ」（https://dictionary.sanseido-publ.co.jp/dict/ssd36325）をご参照ください。また、特に断りのない限り、本書で示されるデータや研究等は架空のものです。

　本書の執筆にあたり、三省堂の飛鳥勝幸氏と翔文社の田中敦子氏、オーポンの五味崇宏氏に大変お世話になりました。記して感謝申し上げます。また、貴重なご意見をくださった、筑波大学・千葉大学・実践女子大学・法政大学他の学生の皆さんにも、篤くお礼申し上げます。

Contents
大学生のための日本語表現トレーニング スキルアップ編

1	はじめに	
2	本書の使い方	
3	目次	
4	第1章	自己紹介―具体的に話そう
8	第2章	大学でのノートのとり方―授業を再現できるノートをとろう
12	第3章	敬語の基礎―基本ルールをマスターしよう
16	第4章	確実な連絡メモ―5W1Hでチェックしよう
20	第5章	メールの書き方―依頼メールの基本を学ぼう
24	第6章	手紙の書き方―書式とマナーの基本を身につけよう
28	第7章	説明のコツ―「全体→部分」の順で説明しよう
32	第8章	大学生の調べ方1―インターネット・図書館で調べよう
36	第9章	大学生の調べ方2―必要な文献を手に入れよう
40	第10章	アンケートのとり方―アンケート用紙の3大要素をおさえよう
44	第11章	資料の読みとり―表・図・グラフから情報を抽出しよう
48	第12章	効果的なプレゼンテーション―レジュメ・視覚資料を作成しよう
52	第13章	堅実なレポートの書き方1―具体的な手順を学ぼう
56	第14章	堅実なレポートの書き方2―体裁を身につけよう
60	第15章	卒業論文に向けて―研究計画を立てよう
64	第16章	履歴書の作成―しっかりとした履歴書を書こう
68	第17章	面接の受け方―質問内容を予想して準備しよう
72	第18章	小論文の書き方―予め型を決めておこう
74	第19章	エッセイ・ブログ―趣味的な文章の書き方を学ぼう
76	基礎ドリル―解説―	

1. 敬語の語形　2. 仮名遣い・漢字と送り仮名　3. 慶事の基礎知識　4. 話し言葉と書き言葉の違い
5. 慣用句・ことわざ・四字熟語　6. 二義的な文章・悪文訂正　7. 記号の使い方
8. 原稿用紙・校正記号

79　参考文献

1 自己紹介
Japanese Expressions

具体的に話そう

　大学生になるとサークルやアルバイト先などで自己紹介をする機会も多いでしょう。せっかくですから友達作りのきっかけになる自己紹介にしたいものです。この章では、社会人になっても通用する自己紹介のコツを学び、「聞いた人が話しかけたくなる自己紹介」を練習します。

　まず、【課題1】の1-1に取り組んでみましょう。　　　　▷ 1ページへ

【課題1】1-1
　大学の同じ学科（あるいは同じ専攻・コース）の同輩に、1～2分程度で、自己紹介をするとしたら、あなたはどんなことを話しますか。自己紹介の台本を書くような感じで書いてみてください。

🔊 具体的な話題で話のきっかけを作ろう
　まず、具体例として吉田君の自己紹介を見てみましょう。

> 　名前は、吉田太郎といいます。出身は、青森県です。趣味は音楽です。あっ、あと、旅行とかも好きです。といっても、お金のかからない旅行ばかりですけど。それから、青森県出身ですが、スキーやスノボはできません。自分ではすっごくやりたいので、スキーやスノボをやってる人、是非、教えてください。よろしくお願いします。

　吉田君の自己紹介には、よいところと、もう少し工夫した方がよいところとがありますが、皆さん、分かりますか。
　自己紹介の内容に絞って考えてみましょうか。後半のスキーやスノボの話は、とても具体的でよいですよね。スキーやスノボをしている人（あるいは吉田君のようにスキーやスノボをしてみたいと思う人）が話しかけるきっかけになるでしょうから。一方で、前半の音楽や旅行の話は、具体的ではないため、話しかけるきっかけにはなりにくいでしょう。当然、最初から吉田君と友達になりたいと思っている場合は、「どんな音楽を聴くの」などの質問をきっかけに話しかけることは

できますが、その場合は、スキーやスノボの話と違って、吉田君の自己紹介にひかれて話しかけているわけではないですよね。
　もし、吉田君の自己紹介の前半が次のようだったら、最初のものと比べて、話しかけやすいと思う人は多いのではないでしょうか。

> 　名前は吉田太郎といいます。出身は青森県です。趣味は音楽で、高校の時からベースをやっています。今、一緒にバンドをやる仲間を募集してて、特に、ボーカルを探しているので、カラオケとかが上手な人は、是非声をかけてください。
> 　それから、旅行にもよく行くんですが、普通列車と安い宿をうまく組み合わせると、お金のかからない旅行ができます。こういう旅行ができるのも、大学生のうちだけだと思うので、今年の夏には、北海道に行ってみようと思います。

　どうですか。具体性があると聞いている人はイメージをつかみやすいでしょう。「ああ、この人はこういう系統のことが好き（得意）なんだ」と分かりますからね。ですから、「具体性」は、表現をする上で大切なポイントの1つなのです。

自己紹介のポイント①
☐ 具体的に話す

　具体的に話すことは、自己紹介だけではなく、全ての表現に共通する大切なポイントなので、このテキストの一番最初に示しておきたいと思います。皆さん、しっかりと覚えておいてください。

「否定的なこと」は言わないようにしよう

　自己紹介の2番目の具体例として佐藤君の自己紹介を見てみましょう。皆さんは佐藤君の自己紹介をどう思いますか。

> 　佐藤三郎っていいます。出身は長野県です。好きな食べ物は、もんじゃです。やっぱ、鉄板系ならもんじゃだと思います。お好み焼きとか焼きそばとか、マジ、意味不明です。それから、読書は、推理小説で有名な「シャーロック・ホームズ」が大好きです。ホームズの本はたくさん持ってるので、興味のある人は気軽に言ってください。日本の推理小説とかはうざいじゃないですか。読む気とかおきませんね。(略)

確かに、具体的ではあるし、部分的にはよいところもありますが、お好み焼きや日本の推理小説を好きな人は、いい感じがしませんよね。それぞれ趣味や好みがあるので、最初の自己紹介で否定的なことを言われると、否定された方は気分がよくないわけです。ですから「否定しない」ということは、大切なコツと言えるわけです。もし、佐藤君が次のように話していれば、ずいぶん印象が違うのではないでしょうか。

> 　佐藤三郎っていいます。出身は長野県です。好きな食べ物は、もんじゃです。もんじゃには焼き方にコツがあって、うまく焼くと、外はパリパリしてるんだけど、中はトロッとしてて、その食感が、マジ、やみつきになります。大学の近くにもんじゃを出す店があるんで、興味のある人は、一緒に行きましょう。人生観、絶対、変わると思います。
> 　それから、本は推理小説が大好きで、「シャーロック・ホームズ」のシリーズはやっぱり最高です。その中でも、「踊る人形」っていう話があるのですが、この話は、暗号解読の方法が面白く、特に気に入っています。(略)

　否定的なことを言うよりも、「もんじゃのどんなところが好きなのか」「『シャーロック・ホームズ』のどんな話が好きなのか」などを話した方が、ずっと印象もよいし、話しかけやすいことが分かるでしょう。

自己紹介のポイント②
□ 否定的なことは言わない

　当たり前のように思えるかもしれませんが、人前で緊張しているせいもあり、自己紹介で否定的なことを言ってしまう場合は意外と多いので、注意する必要があります。

「聞いた人が話しかけたくなる自己紹介」を完成させよう

　ポイント①②をふまえた上で、【課題1】の1-2と1-3に挑戦してください。

▷ 1ページへ

　どうですか。1-1と1-3を比べると、成長の跡が見られるでしょう。
　なお、最初のこの章ではっきりとお伝えしておきたいことですが、皆さんの中には、最初から上手な自己紹介を書けた人もいるかと思います。その人は表現のセンスがあるのだと思いますが、ここで重要な点は、本書で学ぶことによって、

皆さんは、センスの有無によらず、意識的に上手な表現ができるようになるということです。よって、最初と最後で差がない人でも、ポイントを自覚的に使えるようになったのであれば、それは前進と言えます（ポイントに自覚的であれば、人にも教えやすいでしょう）。

これは、本章だけではなく本書全体を通して言えることですので、予め述べておきたいと思います。

自己紹介をしてくれた人に質問をしよう

それでは、次に進みたいと思います。ここでは、ほぼ初対面の人に質問をする場合について考えてみましょう。こちらに悪気がなくとも、よくない質問をしてしまうと誤解されてしまうので、質問の仕方について考えることも大切です。

吉田君や佐藤君への質問として、次のような質問をどう思いますか。

吉田君への質問
・ベースでどんな曲できんの？　　・どんな曲をやるバンドなの？
・スキーとスノボ、どっちがいい？　・スキーサークルに入る気ある？
・ぶっちゃけ、彼女とか、いるの？

佐藤君への質問
・さっき担任の先生に怒られていたよね？　何したの？
・大学の前のもんじゃの店、きたなくて行く気おきないよね？
・ホームズの魅力って何かな？
・ホームズが好きだったら、ホームズ関連の研究書も、読みたいでしょ？
　貸してあげるよ。汚さないでね。
・俺、今日午後から暇なんだよね。携帯の番号教えて。

よい質問もあると思いますが、中にはよくない質問もありますよね。また、質問の内容自体は悪くないのですが、聞き方に少し工夫が必要ということもあるでしょう。どんな質問がよくて、どんな質問がよくないのか考えてみてください。

考えがまとまったら、最後に【課題2】に進みましょう。この課題は、ペア（あるいはグループ）で取り組む課題です（一人で読んでいる人は、吉田君か佐藤君に質問するつもりで取り組んでください）。　　　　　▷ 2ページへ

2 大学でのノートのとり方
Japanese Expressions 授業を再現できるノートをとろう

　大学では、今まで以上に「自発的に学ぶ」ことが求められます。この章では、大学での学びにふさわしいノートのとり方について学んでいきます。

　早速【課題1】に取り組んでください。　　　　　　　　▷ 3ページへ

【課題1】
自分のノートのとり方について、分析してください。

🔊「自発的に学ぶ」スタイルへ

　「ノートのとり方」と聞いて、「何を今さら」と感じている人もいるかもしれません。しかし一方で、高校の頃までとは違って、ほとんど板書をしてくれない授業や、ノートをとる時間を取ってくれない授業も多いことに、とまどっている人もいるでしょう。大学でのノートのとり方は、どのような点に気をつける必要があるのでしょうか。

　大学では、「自発的に学ぶ」ことが求められます。ですから、授業中も、教員の話を受身で聞くのではなく、自分の中で咀嚼し考えながら聞くことが重要となります。そのキーとなるのが「ノートのとり方」です。ノートのとり方も「自発的に学ぶ」スタイルにしていく必要があるのです。

　それでは、「自発的に学ぶ」スタイルとはどのようなものなのでしょうか。【課題1】のチェックポイントに沿って、確認していきましょう。

🔊話の要点を逃さない聞き方

　ノートをとる目的は、授業内容をあとで思い出せるように記録することです。ですから、「いつの講義内容か」が分かるよう授業前に日付をノートに記入するなど、授業の前からノート作りは始まります。そして、授業中は、「板書も参考にしながら教員の話す内容を書きとる」ことが重要です。

　しかし一方で、授業中、教員の話を全部書きとることは不可能です。また、全部書けたとしても、それではポイントが絞られないノートになってしまうので、ノートのとり方としては適切ではありません。授業の要点を聞き漏らさず、「授業の

ポイントを分かりやすくノートにとる」ことが重要となります。
　では、どのようにすれば話の要点を逃さずに聞くことができるでしょうか。
　ノートをとるための時間が用意されないことも多い大学の授業では、「聞きながら書く」スピードを身につけることが必要です。これは練習を積むしかないところもありますが、記号や略字を使うなど自分なりの工夫をしてみましょう。社会に出ると、書きとめる時間を確保してくれるような場面はまずありません。社会に出てから困らないよう、大学生のうちに「聞きながら書く」ことを身につけましょう。
　話の要点を逃さないためには、「だから」「なぜなら」「つまり」といった接続表現に注目してみることも大切です。「だから」が来たらその後は「結果」、「なぜなら」は「理由」、「つまり」は「言い換え」というように、次に来る部分には重要な内容が来ることが多くなります。「一つ目、二つ目」「まず、次に」といった表現も、何点の事柄が話されたのかを示す重要な手がかりとなります。
　また、話し方にも注目してみましょう。例えば、「繰り返す」「強調して言う（ゆっくり言う・強く言うなど）」「身振りが伴う」などの箇所は、教員が「伝えたい」と考えている箇所であることが多いものです。そういった点にも注意しながら、話の要点を逃さない聞き方の練習を重ねることが大切です。

💡 大学でのノートのとり方のポイント①
―話の要点を逃さない聞き方―

☐ 記号や略字などを工夫してノートをとる
☐ 接続表現に注目する
　・だから、それで、したがって　＝ 結果
　・なぜなら、というのは　　　　＝ 理由
　・つまり、すなわち　　　　　　＝ 言い換え
　・まず、次に　　　　　　　　　＝ 順序
☐ 話し方に注目する
　・繰り返すところ
　・強調して言うところ
　・身振りが伴うところ

🔊 「復習」まで含めたノート作りへ

　実際の授業では、聞き漏らしてしまった箇所や分からないことも出てくると思

います。そのときには「そのままにせずに補う」ことが重要です。授業中に分からないことがあったら、授業後に教員に質問して解決しましょう。同じ授業に出ている友達に聞くなどしてもよいでしょう。「聞きっぱなし」にせず、積極的に授業内容を理解することが「自発的な学び」の第一歩です。

　帰宅後も「ノート作り」は続きます。これまで「ノートの読み返しは試験前のみ」ということはなかったでしょうか。復習は「その日のうちに」が鉄則です。記憶の鮮明なうちにノートを読み返して、授業内容を思い出し、足りないところを補ったり、分からない箇所について調べて書き込んでおくとよいでしょう。また、配布資料もその日のうちに授業名や日付を書き込み、ファイルに綴じたりノートに貼りつけたりして、しっかりと整理しておくことが大切です。

　大学の授業では、参考文献を紹介することも多くあります。それらを書きとって、実際に読んでみるなど、一歩踏み込んだ復習を行うことで、授業内容をより深く理解することができ、「自発的な学び」に繋がっていきます。

　なお、授業によっては、配付資料に書き込める場合もあるでしょう。資料に書き込んでいくか、別にノートを作るかは、授業によって判断すればよいと思います。しかし、どちらを選択したにせよ「自発的な学び」の姿勢は同じです。「復習まで含めた」ノート作りを心がけることが大切です。

💡 大学でのノートのとり方のポイント②―ノートの工夫―

- ☐ 板書だけでなく、教員の話の要点を分かりやすくまとめる
- ☐ 分からないところはそのままにせず、調べたり教員に質問するなどして、復習のときに補う
- ☐ 復習はその日のうちに
- ☐ 配布資料に授業名や日付を書き込み、整理を忘れずに
- ☐ 参考文献などをメモし、あとで読んでみるのもよい

　ルーズリーフとノートとどちらがよいのかについては、それぞれ一長一短があります。ルーズリーフは、配付資料なども一緒に綴じられ、復習で調べたことなどを挟み込めるので便利ですが、ばらばらになりやすいので、しっかり整理できるかどうか心配な人は、ノートの方がよいということもあります。自分のスタイルに合わせて選択しましょう。

　では、これまでの内容を確認するために、【課題2】の2-1をしてみましょう。

▷ 4ページへ

《ノート例1》

```
4/27

  自発的学び

  要点      （咀嚼）

    だから
    最初に
```

《ノート例2》

```
2008.4.27「ノートのとり方」        《補足・復習》

・大学での学び
  ＝自発的な学びの必要
         ↓
  ノートのとり方が重要

・ノートをとる目的
  ＝あとで授業を思い出すため
         ↓
  ①要点を逃さず書きとる        Qスピードを上げる方法は？
    ・書くはやさ                  →先パイに聞く
    ・接続表現
    ・声、身振り                Q接続表現の種類は？
                                 →本?? 質問する
```

　《ノート例1》と《ノート例2》の例を比較することで、「ノートのとり方」のポイントを確認することができたでしょうか。
　それでは最後にもう一度自分のノートを振り返り、「授業を再現」でき、「自発的な学び」に繋がるノート作りのために気をつけたい点をまとめてみましょう。【課題2】の2-2をしてください。

▷ 4ページへ

3 敬語の基礎
Japanese Expressions　基本ルールをマスターしよう

　大学生は会話をする相手も増え、適切な敬語を使うことが期待される場面もどんどん増えます。敬語の上達には上限がありませんが、この章で、既に知っている敬語の知識も確認しながら敬語使用の基礎を固め、上達への第一歩を踏み出しましょう。

　敬語については、やはりまず、基本的な敬語の分類をおさえておく必要があります。最も基本的な3分類[*1]をここで確認するため、【課題1】1-1、1-2をしてください。

▷ 5ページへ

【課題1】

1-1　（例）を参考に、下線部を尊敬語を使った形にして、以下の文を書き直してください。
　　（例）「校長先生は今日はどちらで昼ご飯を食べますか？」
　　→「校長先生は今日はどちらで（お）昼ご飯を召し上がりますか？」

1-2　（例）を参考に、下線部を謙譲語を使った形にして、以下の文を書き直してください。
　　（例）「昨日先生の作品を見ました。」
　　→「昨日先生の作品を拝見しました。」

🔊 敬語の基本的分類とそれぞれのはたらき

　敬語の3分類の内容は、ご存じの通り、「尊敬語」「謙譲語」「丁寧語」です。
　尊敬語は、例えば【課題1】1-1の（例）の解答部にある、「召し上がる」がそうですね。もう少し詳しく言えば、普通の言い方である「食べる」の尊敬語の形が「召し上がる」である、ということになります。同様に、「発言する」の尊敬語形は「（ご）発言なさる」というような形になりますね。尊敬語は、尊敬する人の行為（動作とか様子など、述語であらわされることがら）など、尊敬すべき人のものごとを高めて言う言い方である、という点も確認しておきましょう。
　謙譲語は、例えば、【課題1】1-2の（例）の解答部にある、「拝見する」がこれに当たります。「見る」の謙譲語というわけですね。謙譲語のはたらきはやや複雑で、

「自分に関することについて低めて言う」ことと「尊敬すべき人に関することについて高めて言う」ことの両方を行っている、と言われます。先ほどの「昨日先生の作品を拝見しました。」という文であれば、自分の「見る」という行為を低めて言うとともに、「見る」という行為の対象である「先生の作品」を高めて言う、ということを同時に行っていることになります。(このあたりは若干複雑で、ここでの説明は『敬語の指針』における謙譲語Ⅰの説明に近いものとなっています。より詳しく知りたいという人は、『敬語の指針』第2章を参照してください。『敬語の指針』は文化庁HP内のwebページにあります[2])。

丁寧語は、【課題1】1-1における「いつごろですか」の「です」や、1-2における「見ました」の「ます(まし)」がこれに当たります。「です」は「だ」「である」の丁寧語として使われるのが普通で、「ます」は動詞につけて使います。丁寧語の基本的なはたらきは、「聞き手(読み手)に対して丁寧に言う」という点にあります。

> **敬語の分類と基本的なはたらきのポイント**
> ☐ 最も基本的な分類は「尊敬語」「謙譲語」「丁寧語」の3種
> ☐ 尊敬語:尊敬すべき人のものごとを高めて言うはたらき
>   ex.「召し上がる(←食べる)」
> ☐ 謙譲語:自分のものごとを低め、相手に関するものごとを高めて言うはたらき
>   ex.「拝見する(←見る)」
> ☐ 丁寧語:聞き手(読み手)に対して丁寧な言い方で言うはたらき
>   ex.「です」「ます」

敬語の語形について

敬語の語形や語彙は数や種類も多く、いきなり全部を覚えるのは難しいですが、ここでも全ての基本となるポイントがあるのでそれをおさえましょう。

まず、敬語は、主として「名詞」(ex.「ご健康」)と「述語」(ex.「ご紹介する」)に現れますが、名詞に現れる敬語形より述語に現れる敬語形の方が複雑です。また、敬語の分類から見ると、丁寧語がほとんど「です」「ます」だけである(厳密には「ございます」などもありますが)のに対し、尊敬語・謙譲語には多数の複雑な語形が存在します。従って最も複雑で覚えることが多いのは「述語に現れる尊敬語形・謙譲語形」だということになります。

もう一点おさえておかないといけないのは、敬語の語形には、元の語形と比較

して見た場合、
 ア　「ご心配なさる（←心配する）」「お手紙（←手紙）」のような、
  元の形に何かを付け加えてできている（規則的な形をした）タイプ
 イ　「いらっしゃる（←いる）」「申し上げる（←言う）」のような、
  元の形からは計算して作り出せないような（不規則な形をした）タイプ
の２種がある、という点です。『敬語の指針』では、アを「一般形」、イを「特定形」と呼んでいます。

敬語の語形についての基本的ポイント
- 最も複雑なのが、「述語に現れる尊敬語形・謙譲語形」
- 「一般形＝元の形に何かを付け加えてできている（規則的な形をした）タイプ」と、「特定形＝元の形からは計算して作り出せないような（不規則な形をした）タイプ」とがある

 以上の基本事項をふまえた上で、【課題２】の２-１〜２-４をしてみて、現時点でどれぐらいの知識があるかチェックしてみてください。　　　　　▷ ５ページへ
 どうだったでしょうか。動詞について言えば、尊敬語形は「お／ご〜になる」「（お／ご）〜なさる」「〜れる・られる」と特定形、謙譲語形は「お／ご〜申し上げる」「お／ご〜する」「（お／ご）〜いたす」と特定形が主要なものになることが確認できますね。また、「見る」のような、尊敬語（「ご覧になる」）・謙譲語（「拝見する」）が特定形になる動詞は、多くが一般形が不自然になりやすい（「お見になる」「見なさる」、「お見する」「お見いたす」は不自然ですよね）ので、やはり特定形はひとつひとつ覚えないといけないということになります。

注意すべき基本事項
 尊敬語と謙譲語はほぼ逆の意味をもつわけですが、これを取り違えている例なども見受けられます。特に多いのが、「お／ご」のついた形です。【課題３】をしてみてください。　　　　　▷ ７ページへ
 どうでしたか？　【課題３】①の「ご出席しました」は「お／ご〜する」形ですから謙譲語なので、ここでは不適切です。尊敬語を使う場面ですから「ご出席になる」「ご出席なさる」「出席される」などの形でなければいけません。【課題３】②の「お使いになられます」は、「お〜になる」と「〜れる」の重複した二重敬語で、正しくないとされます。
 また、【課題３】③の「ご両親」は、自分の両親ですから「ご」をつけないのが正

解です。ただし注意しないといけないのは、自分のものごとであっても、相手にも関わるものごとの場合は「お／ご」をつける場合もあるということです。例えば「おととい差し上げたお手紙」というような場合、「自分が書いた手紙」ではあるのですが、「相手に対して送った手紙」でもあるので、この場合の「お（手紙）」は正しいとされています（この時の「お」は名詞につく謙譲語の「お」として扱われます）。

　ほか、「言う」の尊敬語として「申される」を使う例も見られます。かなり多く使われているようですが、単独語としての「申す」は謙譲語ですから、少なくとも現在のところ使わない方がよく、「おっしゃる」「お話しになる」などを使うのがよいでしょう。

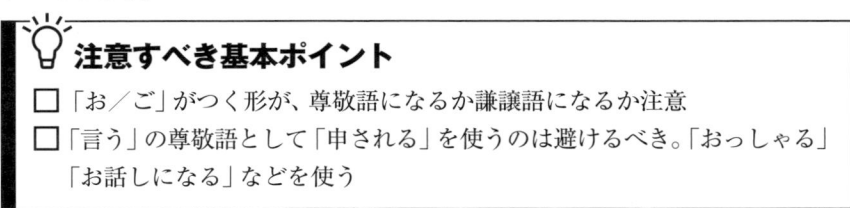

> 💡 **注意すべき基本ポイント**
> ☐ 「お／ご」がつく形が、尊敬語になるか謙譲語になるか注意
> ☐ 「言う」の尊敬語として「申される」を使うのは避けるべき。「おっしゃる」「お話しになる」などを使う

　丁寧な言い方のための工夫や、逆に丁寧でない（不快に感じる）言い方の特徴には様々なものがあり、広義の態度まで含まれます。日常の体験も含め、丁寧さを増す工夫・不快を与えない注意点について考えてみることも有益なので、時間がある人は【課題4】をしてみてください。　　　　　　　　　　▷ 7ページへ

---

*1　文化審議会答申『敬語の指針』では、敬語について5分類が示されています。一方、多くの教育現場では、「敬語の基礎」を学ぶにあたっては、分かりやすさを重視してこれまで通りの3分類が採用されており、本書でも、この3分類に従っています。
*2　文化庁HP　http://www.bunka.go.jp/

4 確実な連絡メモ

Japanese Expressions 5W1Hでチェックしよう

　大学生活ではゼミやアルバイト、サークルなど、責任ある連絡の仕事を担う場面も増えてきます。相手にとって必要な情報が漏れていないかチェックし、必要な情報を適切なタイミングで連絡する方法を練習します。

　まず、【課題1】の1-1をしてみましょう。　　　　　　　　　▷ 9ページへ

【課題1】1-1

　アルバイト先で、先輩の松島さんに貸していた仕事のマニュアルを返してもらう必要が出てきた。2週間後の5月29日(土)までに返してほしい。松島さんとアルバイト先で直接会えるかどうか分からない(電話番号も分からない)ので、事務室の松島さんのロッカーに連絡メモを貼り付けることにした。この場合のメモの文章を書いてみてください。

🔊 必要な情報のチェックを5W1Hで

　誰かに連絡する必要が出てきたとき、最大のポイントは連絡の受け手にとって、必要な情報が、100％漏れなく伝えられるかということです。具体例として吉田君が書いた下書きを見てみましょう。

【下書き例】

松島さんへ
　吉田です。お世話になっています。今年の時間体制だとお会いする機会が少なくて残念です。
　お貸ししている仕事のマニュアルですが、自分も見る必要が出てきたので一度返して下さい。よろしくお願いします。　　　　　　　　　　　　　　吉田

　この下書きで大まかな趣旨は伝わりますが、不足部分があることにも気づくと思います。必要事項のチェックはどのようにしたらよいでしょうか。
　チェックの基本となるのは、新聞記事の基本などとも言われる、「5W1H」です。ご存じの方も多いと思いますが、改めて確認しておきます。5W1Hとは、「いつ(when)」

「どこで (where)」「誰が (who)」「何を (what)」「なぜ (why)」という5つのWと、「どのようにして (how)」という1つのHからなる情報の6大基本要素で、これに照らしてチェックすると漏れを防ぐことができます。では、実際に【課題１】の１-２をしてください。

▷ 9ページへ

できましたか？　できたら以下のチェック例を見て、比べてみてください。

【チェック例】

いつ　　：「5月29日（土）までに」
どこで　：「事務室の私のロッカーに」「事務室のドア脇に」…
誰が　　：「松島さんが（私に）」
何を　　：「仕事のマニュアルを（返却する）」
なぜ　　：「私が見るために」
どのようにして：「置いておいてもらう」「手渡しで」「郵送で」…

　この【チェック例】を見ると、【下書き例】では、5W1Hのうち、「いつ」「どこで」と「どのように」の3点が抜けていることが分かります。「どのようにして」という返却方法などは、相手のことを考えると、複数提示して選んでもらうほうがいい、ということになるかもしれません。

　これに加え、連絡メモには、連絡メモを作成した（貼った・送った）日時を書いておくことも重要です。電話やeメールと異なり、作成の日時を書いておかないと、相手にとっては書かれたメモがいつの時点のものかが分からないからです。

💡「確実な連絡メモ」を書くためのポイント①

☐ 下書きを書いたあと、５W１H＝「いつ (when)」「どこで (where)」「誰が (who)」「何を (what)」「なぜ (why)」「どのようにして (how)」が揃っているかチェックする

☐ 連絡メモを作成した（メモを貼った・送った）日時も記す

　最初から【課題１】１-１に対して漏れのないメモを書けた人もいるかもしれません。しかし５W１Hを意識して使えば、【課題１】よりさらに複雑な連絡をする場合でも書き手はチェックすべき事項を手早く確認しやすく、また受け手になった場合もメモを読みやすい（場合によっては書き手の情報不足を早期に発見できる）ということになり、まさに一石二鳥です。以上を確認した上で、ここであらた

めて【課題1】の1–3を書いてみてください。　　　　　　　　　　　10ページへ

📢 重要な連絡の場合は5W1Hで「(受領確認の)返信のお願い」を書こう

　【課題1】の文章が完成したら、次にポイントになるのは、「重要な用件の場合、相手がこちらの連絡をしっかり受け取っているかを確認する」ということです。【課題1】の目的をきちんと達成するためには、

1　連絡内容の発信（連絡メモを書いて貼る）
2　相手（松島さん）が連絡を受け取る
3　用件の実行（松島さんが指定された方法でマニュアルを返却する）

という流れが完成する必要があります。この流れの中で、メモの場合特に気をつけなければいけないのは、「発信した（メモを貼った）だけでは、2の『相手が連絡を受け取る』が成立しているかどうかが確認できない」という点です。

　そのため、重要な用件の場合、相手がメモを見たかどうかを確認するための文章（「(受領確認の)返信のお願い」）を連絡メモに書き加える必要が出てきます。【課題2】を見てみましょう（見るだけで結構です。まだしないでください）。この「返信のお願い」の文章も、5W1Hで必要事項をチェックすると手早く、そして情報漏れなく作成できます。チェック例は、たとえば、

【「返信のお願い」のチェック例】

いつ　　　：「5月22日（土）までに」
どこで　　：「事務室のドア脇に／自分のロッカーに（メモで）」…
誰が　　　：「松島さんが（私に）」
何を　　　：「メモを見たことを(連絡する)」
なぜ　　　：「連絡が伝わったかどうか私が確認するために」
どのようにして：「メモを置いてもらう」「誰かに伝言で」…

のようになるでしょう。

　実際の文章にする場合は一部削除可能な部分もあります。たとえば、「なぜ＝連絡が伝わったかどうか私が確認するために」の部分などは相手にとってほぼ自明ですし、相手のすること（マニュアルの返却）にとって有効な情報というわけでもないので、削除できるでしょう。また、「どのようにして（返信の方法）」についてはケースバイケースの部分も大きいですが、「複数の手段を提示して選んでもらう方が相手にとっては便利」「携帯電話の番号を相手に教えるかなどの判断は、

仕事の重要性や相手との人間関係で慎重に判断する」などの原則をふまえ、適宜決めて書いていくということになります。以上をふまえて、ここで【課題2】をしてください。
⇨ 10ページへ

「(受領確認の) 返信のお願い」も含め、連絡に関連する仕事においては、時間の取り扱いが非常に重要になってきます。例えば前記【「返信のお願い」のチェック例】で言えば、「いつ (返信の締切)」の設定は、少なくとも

a　相手の事情を考慮：常識的に見て相手が既に受け取っている可能性が高く、返信をする時間的余裕がある時期に→締切が早すぎるのはダメ
b　こちらの (仕事の) 事情を考慮：返信がないなどのトラブルが確認されてから自分がそのトラブルに対応しても間に合う時期→締切が遅すぎるのもダメ

という2つの条件に見合うものでないといけないことになります。aやbなどの条件をクリアするには、連絡という仕事全体で言うと、できるだけ早く、余裕を持って動き出す (最初の連絡を行う) べきだということも分かりますね。

また、連絡において時間の間違いは決定的な問題になりやすいので、特に慎重なチェックが必要です。書き終わってから最低1回は見直しましょう。また、日付を書く場合は、面倒でも曜日を入れるようにすると、間違いが減り、間違えてもそれを発見しやすくなります。携帯電話や手帳にカレンダーがついているので、連絡メモを書くときにはそれを見るという習慣をつけましょう。

💡「確実な連絡メモ」を書くためのポイント②

☐ 重要な案件の場合は、相手に連絡が届いているかを確認する
　 ＝「(受領確認の) 返信のお願い」をつける
☐ 「返信のお願い」の締切は、仕事の流れの中で相手と自分の (仕事の) 事情を考慮して決める
☐ 連絡は原則、余裕をもって早めに行う (動き出す)
☐ 時間の書き間違いは非常に困るので、最低でも1回は確認する。日付の場合は曜日まで必ず書く

時間がある人は、さらに、【課題3】にも挑戦してください。
⇨ 11ページへ

5 メールの書き方
Japanese Expressions
依頼メールの基本を学ぼう

　大学生や社会人になると、友人とのコミュニケーションの手段としてだけでなく、仕事や公の事柄に関する目上の人とのやりとりの手段として、メールを使用する機会が増えてきます。この章では、メールでの依頼の仕方について学びます[1]。

　早速【課題1】の1–1をしてみましょう。　　　　　　　▷ 13ページへ

【課題1】1–1
設定：奨学金の申請のため、長野太郎先生に面談をお願いしたい。今日は月曜日で締切は来週の金曜日となっているが、授業が入っている曜日・時間帯もあるので、期間内で授業の入っていない日時を希望する。
この設定で、教員への依頼のメールを作成してください。

📢 内容が分かる簡潔な件名を

　依頼のメールのポイントは何か、吉田君が書いたメールを見てみましょう。このメールを受け取った長野先生は、どう感じるでしょうか。

【吉田君の例】
件名：よろしくお願いします
差出人：yoshibon@＊＊＊＊＊＊.jp
宛先：nagano@＊＊＊＊＊＊＊ac.jp
日時：2008年○月○日○：○
奨学金の申請のための面談をお願いします。締切は来週の金曜日ですが、火曜日と水曜日はフルコマで、月・木・金も授業が入っているので、来週の月曜日の2時に研究室に伺います。お手数ですが、面談をしていただけるかどうか、今日中に返信してください。よろしくお願いします。＼(^_^*)／

　このメールには、いくつかの問題点がありますが、まずは、メールを使うときのポイントから考えていきましょう。
　メールを使うときの問題点として、いわゆる「迷惑メール」があります。大量に

送りつけられる迷惑メールを一つ一つ開いて中身を確認するのは非効率的ですし、ウイルスに感染する可能性もあります。できるだけ効率よく迷惑メールを削除するために、件名は大きな手がかりとなってきます。

　このことは、件名を分かりにくくつけてしまうと、迷惑メールに間違えられる可能性があることを意味します。吉田君のメールにつけられた「よろしくお願いします」はどうでしょうか。受信者から見ると何をお願いされたのか具体的には分からないので、迷惑メールに間違えられる可能性があります。「確かに自分と関係がある内容のメールだ」ということが分かる件名をつけることが重要なのです。それでは、「奨学金の申請をするために必要な面談をしていただきたくお願いいたします」はどうでしょう。このような長すぎる件名ではかえって分かりにくくなってしまいます。「内容が分かり、かつ簡潔な件名」をつけることは、メールを送る上で大切なポイントです。

　それでは、【課題1】の1-2をしてください。　　　　　▷ 13ページへ

📢 名乗ることの大切さ

　友人同士のメールであれば、メールの本文でいちいち名乗らなくても問題はないでしょう。しかし、目上の人に対するメールでは、たとえ相手が自分のことを知っていても、最初に名乗るのが礼儀です。先ほどの【吉田君の例】では、いきなり用件に入っており、このメールの差出人は誰かという情報がありませんね。本文の冒頭に、相手の氏名を「○○先生」「○○様」「○○さんへ」などと書いたあとに、送り手の側から自分がどういう人物なのかを名乗ることが重要です。

💡 メールでの依頼のポイント①
- ☐ 内容が分かり、かつ簡潔な件名をつける
- ☐ 最初に相手の氏名を書き、次に自分がどのような人物なのかを名乗る

　それでは、【課題1】の1-3をしてください。　　　　　▷ 13ページへ

📢 相手の負担をできるだけ減らそう

　「件名」「冒頭（相手の名前と自分の名乗り）」の次は、「依頼の中身」です。
　依頼のメールも、「必要な情報を漏れなく伝える」ことが大切であることは、連絡メモと同じです。ですから、基本的なチェックは「5W1H」で確認することがで

きます(第4章参照)。先ほどの【吉田君の例】を確認してみましょう。必要な情報は漏れなく入っているようです。しかし、「面談のお願い」であることを考えると、改善した方がよい点がありそうです。どんな点でしょうか。

　何かをお願いするということは、相手に何らかの負担をかけることになります。ですから、できるだけ相手への負担をなくすようにする必要があるのです。面談の場合は、相手に「日時を合わせて時間を空ける」負担をかけることになります。この負担を減らすために、「相手の都合を優先して、相手に日時を決めてもらう」ことが大切です。ただし、決めてもらった日時に自分が行けなくては意味がありません。今回は先生に面談をお願いしているわけですから、授業の時間帯は避けてもらえそうです。自分の授業がある時間帯を予め伝え、それ以外から指定してもらう方が、何度もやりとりをするという新たな負担をかけずに済みますね。

　また、返信の依頼にも配慮が必要です。すぐに返信できるメールであっても、相手の都合を考えて、時間的に余裕を持ってお願いするようにしましょう。返信の方法と連絡先も忘れずに入れましょう。メールに返信すればよいのか、携帯電話に電話をしてもよいのかなど、返信の方法を示すとともに、相手がすでに連絡先を知っていたとしても、連絡先を示しておくと、相手の調べる手間を省くことができるので親切ですね[*2]。

💡 メールでの依頼のポイント②

- ☐ お願いをすることで生じる負担をできるだけ減らすようにする
- ☐ 日時を決める際には、相手の都合を優先する
- ☐ 返信の依頼は相手の事情を考慮に入れ、時間に余裕を持って設定する
- ☐ 返信の方法と連絡先を書く

それでは、【課題1】の1-4をしてください。　　　　　　　➡ 13ページへ

📢 必ず見直しをしよう

　本文を書き終えたら校正をします。「〜してください」は、敬語が使われていても基本的には直接的な依頼・指示・命令の表現です。「〜れば幸いです」「〜と助かります」などの表現を用いるとよいでしょう。また、仕事や公の文章の場合は、顔文字を使わない方が無難でしょう。さらに、内容のまとまりごとに行を変えるなど、レイアウトにも気を配ると、相手に配慮した読みやすいメールになります。

> ## 💡 メールでの依頼のポイント③
> ☐ 誤字脱字がないか、敬語表現が適切かなど、校正でチェックする

これまでのことをふまえて、【課題1】の1-5に進みましょう。　　▷ 14ページへ

どうですか。参考に、風間さんのメールを見てみましょう。

[風間さんの例]

件名：奨学金面接のお願い（経済学科1年・風間）
差出人：kazayosi@＊＊＊＊＊＊.jp
宛先：nagano@＊＊＊＊＊＊＊ac.jp
日時：2008年4月〇日〇：〇

長野太郎先生

　経済学科1年、学籍番号〇〇〇〇の風間良子と申します。長野先生のクラスの学生です。このたびは、奨学金の申請のための面談をお願いしたく、メールいたしました。
　つきましては、誠に勝手ながら

　　　月曜2・3時限／火曜3・4時限／水曜1・2・3時限／金曜3・5時限

は授業があるため、それ以外で先生のご都合の良い日時をご指示いただければ幸いです。奨学金の申請締切が来週の金曜日（4月〇日）ですので、お忙しいところ恐縮ですが、それまでに、
　　　kazayosi@＊＊＊＊.jp
または
　　　090-＊＊＊＊-＊＊＊＊
まで御返事をいただきたく、何卒よろしくお願い申し上げます。

風間良子

最後に、この章の内容の発展として、【課題2】をしてみましょう。

▷ 14ページへ

※1　なお、本章では、「メールでの依頼」をテーマとするため、「CC」「BCC」などの機能については扱いません。
※2　メールの末尾に氏名や所属、連絡先などをまとめたものを「署名（シグネチャ）」と呼びます。電子メールソフトの機能を使うと、予め作成した署名をメールの末尾に自動的に付加することができます。

6 手紙の書き方
書式とマナーの基本を身につけよう

Japanese Expressions

　大学生になると大人としての手紙を書くことも増えてきます。体裁を含め基礎的な部分で誤解や不快感を招いたりすることのないよう、手紙の基本的な書式やマナーを習得・確認します。

　ではまず、【課題1】をしてみましょう。現時点での知識を確認する意味もありますので、サンプル等は見ないで書いてください。　　　　　　▷ 15ページへ

【課題1】
設定：先日行われた小学校のクラス会で恩師の安藤昌子先生に出席してもらったので、幹事として安藤先生にお礼状を書く。手紙は封書で手書きにする。
　この設定で手紙の下書きを書いてください。

🔊 手紙で最低限守るべき基本ルール

　うまく書けたでしょうか。手紙の書き方は相手次第で千差万別ですが、目上の人や多数の人に出す場合など、礼儀の必要な手紙には一定のルールがあります。以下の古賀君の下書き例を見てみましょう。

【下書き例】

安藤　昌子先生
　前略　だいぶ涼しく過ごしやすくなってきました。
　先日はクラス会に出席してくださり、ありがとうございました。
　またお電話いたします。

　　　　　　　　　　　　　　　　　　　　　　　　　　　　古賀聡
　　　　　　　　　　　　　　　　　　　　　　　　　　　　敬具

　敬語なども使い丁寧に書いてありますが、問題点もありますね。フォーマルな手紙の必要事項を順を追って見ていき、直すべきところをチェックしていきましょう（合わせて、自分の解答もチェックしてみてください）。

まず、手紙の場合、本題の前と後に、いろいろな要素がつきます。概ね先頭から順に、

頭語→時候などの挨拶→本題→終わりの挨拶→結語→日付→自分の氏名→相手氏名と敬称

というのが基本的な組み立てになります。みなさんの【課題1】の下書きにはこれらの要素が全部揃っていたでしょうか。以下、箇条書きで示します。

〇頭語

【下書き例】の「前略」は、ここでは誤りです。なぜなら「前略」は「前文（時候などの挨拶）省略」の意味で、まずフォーマルな手紙には挨拶を書かなければいけないし、実際この下書き例でも時候の挨拶を書いているわけですから。頭語の語彙は元来多数ありますが、現在日常的にはわずかしか使われておらず、基本としてはまずは「拝啓」と、もらった手紙に返信する場合の「拝復」だけ覚えましょう（頭語と結語は指定された組み合わせがあり、頭語が「拝啓」「拝復」の場合は結語は原則「敬具」）。

〇時候などの挨拶

【下書き例】のようなものでよいでしょう。また、定型句として「残暑の候、ますますお元気でご活躍のことと存じます」というような形もあります。こちらの場合、季節に合わせた文言の決まりがあります（三省堂編修所『すぐに役立つ 日本語活用ブック』他に文言の例が出ています）。

なお、最近会ったばかりの人に対して時候の挨拶を書くのは不自然だと考える人もいるようです。そのような場合でも、挨拶の文言を一切書かないで本題に入るのではなく、会った後の気候の変化を書くとか、時候のことでなくても何らかの挨拶の文言（「先日はお元気なお姿を拝見できまして大変うれしく存じました」など）を入れる必要があります。

〇終わりの挨拶

【下書き例】には終わりの挨拶がありませんが、何か書かないと唐突に終わっている印象になり、丁寧さに欠けます。「重ねて御礼申し上げます」「今後とも宜しくお願いいたします」「季節柄ご自愛ください」「ますますのご多幸をお祈り申し上げます」などの文言がよく書かれるようです。

〇結語以降の要素

結語は【下書き例】の「敬具」で正しいですね。この種の手紙では「拝啓」－「敬具」の組み合わせが最も普通です。その後には日付を入れます。その後自分の氏名を書き、最後に相手の氏名を敬称付きで書きます。

また、【下書き例】は横書きになっていますが、あえて横書きを選ぶ理由がなければ、伝統的な丁寧さという点では縦書きのほうが無難です。

> 💡 **手紙の書式の基本ポイント**
> ☐ 書式の基本的な組み立ては、「頭語→時候などの挨拶→本題→終わりの挨拶→結語→日付→自分の氏名→相手の氏名と敬称」
> ☐ 頭語・結語の組み合わせは「拝啓–敬具」が基本、返信の場合は「拝復–敬具」
> ☐ 礼儀を重視するなら縦書きが無難

　最後に本題の書き方です。趣旨は【下書き例】のようなこと（「出席してくださりありがとうございました」という趣旨）でよいのですが、お礼を述べるのが今回の手紙の主眼であるわけですから、感謝の意をよりよく表現するために、もっと言葉が多めにあったほうがよいと思われます。「先生に出席してもらったお陰でクラス会が盛り上がった」とか「よいクラス会になったので、ぜひまたやりたいと思った」などの点を具体的に書かないと、やはりそっけない感じになってしまいます。

> 💡 **手紙の本題の書き方のポイント**
> ☐ 本題（今回の課題では「お礼（感謝）」）の趣旨をふまえ、単に一文で終わらせるのではなく、具体的に言葉数を多くして書く

　以上をふまえ、【課題2】2-1をして必要事項を記入してみてください。時候の挨拶の文言などは、書いている季節に合わせて、各自で工夫してください。

▷ 15ページへ

　書き終わったら、以下のチェック例でチェックしてみてください（解答とチェック例とが完全に一致していなくても、ポイントがおさえられていればOKです）。

【チェック例】
頭語：「拝啓」
時候などの挨拶：「新緑の候、ますますご健勝のことと存じます」など
本題：「出席していただき本当にありがとうございました」（ほか、分量多め）
終わりの挨拶：「先生のますますのご健康をお祈り申し上げます」など
結語：「敬具」　　　　　日付：「○年○月○日」

■ 自分の氏名：「○○　○○」　　相手の氏名と敬称：「○○　○○様／先生」

　以上で必要事項は揃いました。次は、これらを実際の紙に書いていきます。以下のレイアウト例を見てみましょう。
　頭語は一番高い位置から書き、句読点はつけないで1字分の空白を空けたあと、時候などの挨拶を書き始めます。それ以降は内容に合わせて適宜改行し、全ての文章が終わったら、最後の行の最も低い位置に結語を入れます（頭語の後、結語の前で改行し、頭語・結語を独立した行に書く書き方もあります。その場合でも高さは改行しない場合と同じです）。日付は結語のあと、1行程度空けて、高さは高め、すなわち1字下げか、それに近い位置から書き始めるのが普通です。
　縦書きの場合最後に書く、自分の氏名と相手の氏名の位置（高さ）は、レイアウトの中で最も気を遣うべき箇所です。まず自分の氏名を日付の次の行（余裕を持って1行ぐらい空けてもよい）の一番下に書き、相手の氏名は最終行の一番高い位置に書きます。ただし横書きの手紙だと、最後に相手の氏名を書こうとすると位置的に最も低くなってしまうので、横書きの場合は相手の氏名は冒頭に持っていったほうがよいでしょう。
　相手氏名につける敬称は、「様」が一番普通で、日頃から「先生」と呼ばれる立場の人に対しては「先生」を使うことが多いようです。
　ここまでで基本的なルールが身についたと思いますので、【課題2】2-2をしてみてください。　⇨ 16ページへ
　どうでしたか？　最初の【課題1】の下書きの時よりだいぶ書きやすくなったのではないでしょうか。基本的なルールが身についていれば、手紙を書くわずらわしさが減って今までよりずっと内容に集中できるようになります。時間に余裕のある人は、応用編として【課題3】もしてみてください。　⇨ 17ページへ

【縦書きのレイアウト例】

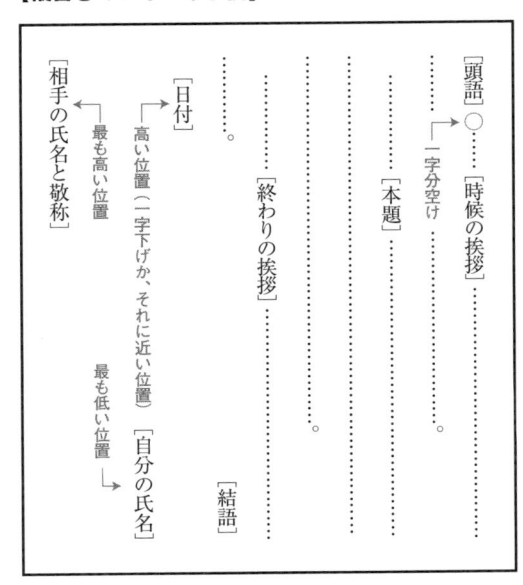

7 説明のコツ

Japanese Expressions　「全体→部分」の順で説明しよう

　大学生や社会人になると、人に説明をする機会が増えてきます。一見、説明の巧拙は才能のように見えますが、実は、コツがあるのです。一生使える便利な説明のコツをこの章では学びます。

　この章では、どんな説明にも応用できるコツを学びます。皆さんがそのコツを早く身につけられるような課題を本章では用意しました[*1]。他の章と違って、本章の課題がやや人工的なのはこのためです。本章の最後では、体得したコツを日常生活で活かせるように、応用的な課題に取り組みます。
　まず、【課題1】の1-1に挑戦してみましょう。　　　　　　　　▷ 19ページへ

【課題1】1-1

　右の図について説明してください。あなたの説明を聞くだけで（右の図を見なくても）図が描けるようなレベルでお願いします。

🔊 聞き手が、「知っていること」「知らないこと」「知りたいこと」を考える

まず、具体例として野村君が書いたものを見てみましょう。

> 　まず、黒です。青でも桃色でもありません。その次が白です。3番目に来るのは灰色です。これはねずみ色ともいいます。木などを燃やしたときの灰の色と同じです。最後にまた黒です。黒とは墨のような色です。4つの色がそれぞれ長方形で、全体の形も長方形です。

　野村君の説明は、よく読むと、ある程度は図を復元できるので、それほど悪い説明ではないのですが、分かりやすい説明とは言えませんね。どのあたりがよくないと思いますか。
　黒や灰色はどんな色だか知っているので、説明はいらないですね。一方で、図の全体像が最後までよく分からないのは困ります。しかも長方形といっても色々

ありますよね。☐や▯も長方形です。ですから、どのような長方形か知りたいところです。つまり、野村君の説明は、こちらが「知っていること」や「知りたいこと」が整理されていないために、分かりにくくなっているわけです。

　ここから分かる通り、説明をする際に、一番最初にポイントとなるのは、「聞き手が、知っていること、知らないこと、知りたいことを考える」ということです。もちろん、日常生活では、説明するたびに厳密に考えていると疲れてしまうので、「大体こんな感じかな」というレベルで構いません（当然、重要な説明の場合は、厳密に考える必要があります）。ここで言えば、「色は知っている。一方で、形はよく分からない。だとすると、形に力点をおいて説明する必要がある」くらいの把握です。ほんの少し聞き手の立場になって考えるだけで、説明の良し悪しは大きく違ってきます。

💡「分かりやすい説明」のポイント①
☐ 聞き手が「知っていること」「知らないこと」「知りたいこと」を考える

🔊 説明の順序はどんな場合でも「全体（概要／結論）」→「部分（詳細／根拠）」

　野村君の説明が分かりにくい最大の原因は、説明の順序を守っていないことにあります。どんな説明にも当てはまる、説明の順序というものがあり、それは、「全体（概要／結論）」→「部分（詳細／根拠）」の順で説明するということです。

　この順序を守らないと分かりにくい説明になりがちで、野村君の説明では、「この図は横長の長方形である」という全体像を最初に言っていないため、分かりにくくなっていると言えます。また、説明が下手な人の話を聞くと、「で、結局、何が言いたいの？」と思ってしまうのも、この順序を守っていないためです。

💡「分かりやすい説明」のポイント②
☐ 説明の順序は、どんな場合でも
　「全体（概要／結論）」→「部分（詳細／根拠）」

では、【課題1】の1-2に取り組んでみましょう。　　　▷ 19ページへ

🔊 上手な説明を完成させよう

　できた人は、次の【課題1】の1–3に挑戦してみましょう。　　　▭▷ 19ページへ

　【課題1】の1–3ができた人は、1–1と1–3を比べてみてください。どちらの説明が分かりやすいですか。
　ポイントをおさえたよい説明の例として、木村さんの説明を見てみましょう。

[よい説明の例]

> 　この図の全体像を述べると、この図は横長の長方形で、長さの比は縦1、横2です。長方形の中は、3つの縦線によって、均等に4つに区分されています。4つの区分の色は、むかって左からそれぞれ黒・白・灰色・黒です。

　かなり上手な説明だということが分かると思います。あとは、例えば最後に「フランスの国旗は、青・白・赤ですが、この図形は、黒・白・灰色・黒なのです」というような、イメージを補足できるたとえを入れるとさらによいのではないでしょうか。

🔊 相手に説明してみよう

　説明のコツが分かったところで、実際に相手に説明をする【課題2】をしてみましょう。【課題2】に入る前に簡単な説明をしますと、この課題は【課題1】を応用したもので、次の手順で進みます。

① 右のような図を考えて、描いてみます。
② 考えた図を説明する文章を書きます。
③ 説明の文章を、パートナーに読んでもらい、パートナーの人は、その説明の文章だけで、元の図を見ずに、どんな図か復元します。
④ パートナーがうまく図を復元できたかどうか確認します。図をうまく復元できなかった場合は、説明にどこか問題があったのかもしれません。どのあたりがよくなかったのかパートナーと話し合ってみましょう。

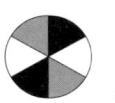

　この課題は、ペア、あるいはグループで取り組む課題です。上手な説明が書けていれば、あなたのパートナーが、きちんと図を復元してくれるはずですよ。

では、【課題2】に挑戦してみましょう。　　　　　　　　　　　▷ 19ページへ

🔊 説明のコツを日常生活に応用してみよう

　ここまでで習ったことを、実際の日常生活の中で活かせるように、練習してみましょう。この課題は、「携帯電話で、最寄り駅から自分の家までの道順を、友達に説明する」というものです。設定としては「友達は駅についたばかりで、まだ改札を出ていない」ということでお願いします。

　この場合でも、例えば、「駅の北口の改札を出て、駅を背にして右の方に20分ぐらい歩いたところにあるフレックス風間っていう茶色のアパートなんだけど」などのように、最初に全体的な方向と時間・距離などを話しておくと、聞き手が理解しやすくなりますし、知らない場所を歩くストレスも軽減されますよね。

　繰り返しますが、説明をする際には、どんな場合でも「全体（概要／結論）」→「部分（詳細／根拠）」という順序を忘れないでください。

　では、実際に【課題3】をしてみましょう。　　　　　　　　　▷ 20ページへ

---

*1　本章の【課題1】【課題2】、及びポイント②と【よい説明の例】に関しては、三森2005（詳細は巻末の参考文献欄を参照）を参考にしています。

8 大学生の調べ方1
インターネット・図書館で調べよう

　大学生がレポートや論文を書くにあたって主に必要なのは、①分からない言葉や知りたい情報等を調べる力、②研究に関係する文献（図書や雑誌論文等）を調べる力、③アンケート調査等で実態を調べる力、の３つです。ここでは①について学び、実際に練習をします。なお、②は次の９章、③は10章で学びます。

📢 電子辞書を携帯しよう

　日常会話や授業などで分からないことがあった時には、すぐに調べるようにしましょう。この習慣は、自分を成長させる上で、とても大切なことです。

　「すぐに調べる習慣」をつけるためには、「すぐに無理なく調べられる環境」をつくる必要があります。辞書を持ち歩くという手段もありますが、現実的には、小型の電子辞書を携帯するのがよいと思います。電子辞書のよい点は何といってもコンパクトな点で、国語辞典や、英和・和英辞典を含む10冊以上の辞書が手のひらサイズに収まります。これによって、10冊以上の辞書の情報を常に持ち歩いているという環境が実現できるわけです。

💡 大学生の調べ方のポイント①
☐ 小型の電子辞書を携帯して、すぐに調べる習慣をつける

📢 インターネット上で気軽に調べる
―百科事典や統計データ、Googleなどの利用―

　電子辞書を調べても解決しないときには、インターネット（以下「ネット」）上の情報を利用するとよいでしょう。

　皆さんがよく知っているGoogleやYahoo!などの検索エンジンを利用するのもよいでしょうし、百科事典や統計データなどもとても便利です。百科事典に関していえば、現時点でのおすすめは、何といってもWeblio[1]（ウェブリオ）で、ネット上で公開されている無料の百科事典（ウィキペディア[2]を含む）、専門辞典、辞書類など（合計400以上）を一気に検索することができます。Weblioはモバイルサービス[3]もあり、携帯電話からも利用できて便利です。

では、早速、【課題1】に取り組んでみましょう。　　　　　▷ 21ページへ

【課題1】
Weblioを利用して、①～⑤（①一次資料、二次資料、②開架式図書館、閉架式図書館、③逐次刊行物、④フェネック、⑤グリーンファイヤーテトラ）について調べ、これらの言葉の意味を自分なりに理解してください。

統計データに関していえば、日本国内のものであれば「政府統計の総合窓口[*4]（e-Stat）」が有名です。携帯サイト[*5]もあり、その点でも便利です。海外の情報であれば「世界の統計[*6]」などが有名です。

このようなデータをもとに、時系列や地域の比較などを行い、新たな発見をしていくことが、レポートや論文へと繋がっていくのです。では、実際に【課題2】を通して、統計データにふれてみましょう。　　　　　▷ 21ページへ

📢 AND検索やOR検索などの便利な検索

検索をする際に便利な方法があります。それは、AND検索とOR検索です。この方法は、次章で扱う文献調査にも有効なので、よく理解してください。まず、AND検索ですが、これは入力したキーワードをすべて含むページだけが表示されます。検索システムの多くは、キーワードを空白で区切って入力するだけで自動的にAND検索になります。つまり、例えば「方言　若者」と入力すると、「方言」と「若者」の2つを含む情報が表示されるわけです。次に、OR検索では、複数のキーワードのいずれかを含むページが表示されます。「方言」「若者」というキーワードに関して、このOR検索を使うと、「方言」「若者」のどちらかを含む情報が表示されるわけです。OR検索の方法は、各自、使用する検索システムで確かめてみてください。この他にも、Googleを例にとると、言葉のまとまりを検索するフレーズ検索や画像を検索したい時に使うイメージ検索などの便利な方法があります。興味のある人は、Googleのヘルプなどで確認してみてください。

📢 インターネット上の情報は「きっかけ」として利用する

気軽に調べられるので、ネットの利用は、とても便利です。上手に使えば、大学生活を強力にサポートしてくれるでしょう[*7]。しかし、一方で、忘れてはいけない注意点もあります。まず、ネット上の情報は、信頼できるか否かの判断が難しいのです（ネット上の情報を鵜呑みにするのは危険です）。次に、削除されてしまう可能性があるので、検証の可能性が保証されていません。これらのことから、ネ

大学生の調べ方1　33

ット上の情報は、(例外はある[*8]ものの)レポートなどの使用には不向きです。やむを得ずレポートなどで使用する場合は、プリントアウトし、調査年月日を書いて添付するなどの工夫をした方がよいでしょう。

現状では、「ネットで気軽に調べる」→「それをきっかけとして、図書館で本格的に調べる」という方法が、ストレスが少なく、かつ安全であると言えます。つまり、調べる「きっかけ」としてネットを利用するわけです。

大学生の調べ方のポイント②
- □ 少しでも興味や疑問をもったら、ネットで気軽に調べる
- □ ネット上の情報は、レポートなどの使用には向いていない。あくまでも調べる「きっかけ」として利用する

実はすごい図書館
―レポートや卒業論文で使用できる情報を手に入れる―

ネットで調べた後、本格的に調べたいと思ったら、大学の図書館に行きましょう。ウィキペディアなどでは情報の出典が明記されている場合があるので、その文献を図書館に探しに行くのもよいでしょうし、ある事件について調べているのなら、当時の新聞を見にいくのでもよいでしょう。

図書館にある書籍・雑誌・CDなどは、ネット上の情報とは異なり、検証の可能性が保証されている(その情報を確認できるという前提がある)ので、どこで得た情報かを明記すれば、基本的にレポートなどで使用することができます。

図書館では、百科事典や専門辞典、各種の統計、過去の新聞などを揃えており、普通に使用すると有料のデータ(過去の新聞データや百科事典など)でも、図書館で使えば無料という場合もあります。図書館を上手に使いましょう。

調べる時はできる限りデータを遡ること
―レポートや卒業論文の決まり―

ネット上でも、図書館でも、調べる時には、できる限り情報源に遡って調べるのが原則です。つまり、「Aという本に××と書いてあった」というだけで満足するのではなく、「どのような根拠をもとに、Aという本は××と書いたのか」ということにまで遡って調べるわけです。そうすると、「Aという本に××と書いてあったのは、Bという資料に△△△と書いてあるからだ」というようなことが分かってきます。このようなことを繰り返すことにより、信頼できる情報源を手に入

れることができるのです（たまに、最初に調べたAという本の誤りが見つかることもあります）。

> 💡 **大学生の調べ方のポイント③**
> ☐ 本格的に調べる時は、図書館で調べる（レポートなどで使えるのは原則としてこのレベルから）
> ☐ 調べる時は、できる限り遡って調べる

　実際に図書館に行って調べる【課題3】と【課題4】を用意しました。挑戦してみましょう。　　　　　　　　　　　　　　　　　　　　　▷ 22ページへ

---

*1　http://www.weblio.jp/
*2　みんなで書き換えていくことによって、よりよいものにしようというユニークな百科事典です。ただし、書き換えることが容易であるため、信頼性が高くはないという意見もあります。携帯電話用のWikiMo（ウィキモ・http://wikimo.jp/）もあります。
*3　http://m.weblio.jp/
*4　http://e-stat.go.jp/
*5　http://e-stat.go.jp/SG1/estat/mbTop.do
*6　http://www.stat.go.jp/data/sekai/
*7　もっと詳しく知りたい人には『インターネットで文献探索』（伊藤民雄・実践女子大学図書館著、日本図書館協会）をおすすめします。数年おきに改訂版が出版されています。
*8　先ほど紹介した政府機関のHP（例えばURLが〜go.jpのもの）の情報であれば、レポートに使用してよいという場合もあります。また、電子ジャーナルなどであれば、レポートや卒業論文で使用できます。

9 大学生の調べ方2
必要な文献を手に入れよう

レポートや卒業論文を書く時には、文献を調べる必要があります。ここでいう文献とは、具体的には図書や雑誌（雑誌論文）などです。この章では、必要な文献を見つけて手に入れるための方法を学びます。

「想」やWebcatPlusで関連する本を探す

ネットで調べようと思った場合、現時点では、まず、「想[*1]」やWebcatPlus[*2]（ウェブキャットプラス）が便利です。これらのサイト上で興味のある言葉を入力すると、新書や入門書などを含むいろいろな本を紹介してくれます（「想」ではWebcatPlusも同時に検索することができます）。これらの検索システムで採用されている「連想検索」はとても面白いもので、検索キーワードを含む本だけでなく、そのキーワードに関連する本も探してくれます。この面白さは体験してみないと分からないと思うので【課題1】を用意しました。早速【課題1】をしてみましょう。

▷ 23ページへ

【課題1】

「想」とWebcatPlusで興味をもっている分野のキーワードを入力し、関連する本を調べてみましょう。

必要な図書を手に入れる

読みたい本を見つけたら、次はどうしたらよいでしょうか。ここでも、最初は、WebcatPlusを使ってみましょう。WebcatPlusで調べると、どこの図書館が所蔵しているか分かるので、とても便利です。読みたい本が自分の大学の図書館にある場合は、図書館で見たり借りたりすることができますよね。大学図書館のホームページなどを利用して、その本がどこにあるか、また借りることができるかなどを調べて、図書館に行ってみましょう。多くの場合、読みたい本の近くには、関連する図書がおいてあるはずです。時間に余裕があれば、それらに目を通してみるのもよいでしょう。良書との出会いがあるかもしれません。

もし、自分の大学の図書館に本がない場合でも、所蔵している大学・機関が近

くにあれば、必要に応じて図書館で紹介状などを書いてもらい、自分で見に行くこともできます。また、大学によっては図書館を通じて借りてくれる場合があります（送料は自己負担の場合が多いようです）。このような方法で、読みたい図書を手に入れることができます。

なお、図書館によっては欲しい本のリクエストをある程度聞いてくれる場合があるので、「図書館で買ってもらいたい」と相談してみるのもよいでしょう。

国立国会図書館を利用して書籍を探す ―NDL OPACの使用―

上記の方法とは別に、「国立国会図書館」の検索システムもおすすめです。皆さんは、国立国会図書館を知っていますか。この図書館には、法律によって出版物の納本が義務づけられています。つまり、国内で出版されるほぼ全ての出版物（CDなどの電子出版物も含みます）が集まっている図書館と言えます。ここで注目したいのが、国立国会図書館の検索システム「NDL OPAC[*3]」です。国内の出版物がほとんど集まっている図書館を検索するのですから、これで検索をすれば、「国内でどのような本が出ているのか」「××先生はどのような本（博士論文を含む）を書いているのか」ということが分かるわけです。

教員に相談するという選択肢

自分で調べてはみたものの、入門書がたくさんあってどれを読めばよいのか分からない、あるいは、関連する本はたくさんあるが、どの本を信用してよいのか分からない、などということもあるかと思います。そのような場合には、教員に相談するという選択肢もあるでしょう。各教員の教育方針によって対応が異なるので一概に言えませんが、自分の調べたことと困っていることをきちんと伝えれば、多くの場合、適切な本を紹介してくれると思います。

大学生の調べ方のポイント④

☐ 「想」やWebcatPlus、「大学図書館の検索」「国立国会図書館のNDL OPAC」などを使って新書や入門書を見つけ、手に入れる

☐ 調べた上で困ったら教員に相談する

では、【課題2】に取り組んでみましょう。　　　▷ 23ページへ

大学生の調べ方2

📢 論文の探し方—CiNiiで調べる—

　図書については既に述べたので、ここでは雑誌（正確には雑誌に掲載されている「論文」）を手に入れる方法について述べたいと思います。分野によっても異なりますが、論文を探す方法としては、①書籍で調べる、②コンピュータを用いて検索する、の2つが基本的な方法でしょう。①の方は、分野によって見るべきものが異なるので、どのようなものを見るべきか担当教員に聞いてみるのがよいと思います。②に関しては、現時点で使用頻度の高い、国立情報学研究所のCiNii[*4]（サイニー）を紹介しましょう。ここで調べれば、かなりの数の論文をチェックすることができます。その上、論文によっては、その場で無料で読める場合もあるので、その意味でも有効なサイトです。

　なお、各分野ごとに有用な論文検索サイトがあるので、これは教員に聞いてみるのがよいと思われます（例えば、国語学・国文学系の論文であれば国文学研究資料館の国文学論文目録データベース[*5]などが有名です）。

　それではこれらのことをふまえ【課題3】に挑戦してみましょう。

　　　　　　　　　　　　　　　　　　　　　　　　　▷ 23ページへ

📢 論文を見つけたら必要な情報をメモする

　CiNiiなどでキーワードを入れて検索すると、関連する論文の一覧が出てきます。その中から、自分に関係のありそうなものを探すわけですが、関係のありそうな論文を見つけたら、必要な情報をメモするようにしましょう。必要な情報とは、「執筆者名」「論題」「掲載雑誌名」「何巻何号の何ページに載っているか、及びその号の発行年」です。これに加えて、掲載雑誌について「ISSNコード」「どこが発行しているか」をおさえることができれば、よりよいでしょう。毎回これらのメモを取るのは大変なので、可能であるならば、検索結果のページをプリントアウトするのもよいと思います。

📢 必要な論文を手に入れる

　欲しい論文が決まったら、大学図書館のホームページや検索システムを利用して、大学図書館に、その論文を掲載している雑誌があるかどうか調べましょう。自分の大学の図書館にあるならば、手に入れるのは簡単です。各大学の手続きにしたがって、その論文をコピーすればよいわけです（ただし、この場合、著作権に注意する必要があるので、この点は十分に気をつけてください。不安なことがあったら、図書館の人に確かめるようにしましょう）。コピーをする時には、奥付（書籍末尾の発行年月日などを印刷した部分）も一緒にコピーをすると、参考文献一

覧を作る時に便利です。

　探している雑誌が自分の大学の図書館にないという場合は、図書館のレファレンス・カウンターを利用し、他の大学の図書館に複写依頼をすれば、多くの場合、手に入れることができます。なお、コピー料金などは自己負担の場合が多いようです。

必要な論文を芋づる式に手に入れよう

　必要な図書や論文を、無事手に入れたとしましょう。学術的な図書や論文であれば、必ず「参考文献」あるいは「引用文献」がついているはずです。その部分を見れば、自分に関係のある図書や論文を効率的に知ることができます。皆さんが読みたいと思った論文の筆者が参照した文献のリストですから、参考文献のところには、かなりの確率で、皆さんに関連のある論文が並んでいるのです。そして、「参考文献に載っている文献を手に入れて、またその参考文献を見れば……」のように、芋づる式に関連のある文献を知ることができます。書籍やコンピュータでの検索に加え、この「芋づる式」を行うことで、文献調査の力はより高いものになります。

💡 大学生の調べ方のポイント⑤

- ☐ CiNiiなどの検索サイトで、論文をチェックする
- ☐ 読みたい論文を見つけたら、必要な情報をメモ（あるいはプリントアウト）する
- ☐ 論文掲載雑誌が自分の大学の図書館にあるか、チェックする。自分の大学の図書館にない場合は、図書館のレファレンス・カウンターを利用して、他の大学に文献の複写を依頼する
- ☐ 読みたい文献を手に入れたら、参考文献を利用して「芋づる式」に文献をチェックする

　実際に図書館を利用する課題として、【課題4】と【課題5】を用意しました。挑戦してみましょう。

▷ 24ページへ

---

*1　http://imagine.bookmap.info/
*2　http://webcatplus.nii.ac.jp/
*3　http://opac.ndl.go.jp/
*4　http://ci.nii.ac.jp/
*5　http://base1.nijl.ac.jp/~ronbun/

10 アンケートのとり方

Japanese Expressions アンケート用紙の3大要素をおさえよう

　大学や企業などでは日常的にアンケートが行われています。この章では、アンケート用紙の基本的な要素を確認するとともに、調査目的、回答者（インフォーマントとも呼ばれます）などの条件に合った書き方を考えます。

📢 アンケート用紙の3大要素

　アンケートをとるという行為には、少なくとも「調査者（質問者）」「回答者」「質問内容」が必要です。このうち最後の「質問内容」は口頭で行われることもありますが、多くは「アンケート用紙」という形をとります。アンケート用紙の作成方法には、一定の社会的合意に従ったルールがあるので、作業を通じてそれを学んでいきましょう。

　アンケート用紙を構成する主要な要素は3つです。その3大要素とは、「お願い文」「フェイスシート」「設問」で、実際のアンケート用紙にもこの順で現れることが多いです（フェイスシートについては、後ほど詳しく説明します）。まず「お願い文」でアンケートに答えてほしい、という回答者へのお願いを書き、「フェイスシート」で回答者の属性（年齢・性別など）を尋ね、「設問」で質問に答えてもらう、という手順になります。

💡 アンケート用紙作成のポイント

☐ アンケート用紙は主に3つの要素からなる。すなわち、「お願い文」「フェイスシート」「設問」。

　上記3大要素のうち、最初に考えないといけないのは、3つ目の「設問」です。なぜなら、アンケートには必ず先立つ目的があり、アンケート調査という行為はその目的に即した設問を考えることから始まるからです。

📢 設問の作り方

　では、設問を考える第1段階として【課題1】の1-1をしてみましょう。

▶ 25ページへ

第 10 章

【課題1】1-1

K大学の学生の読書傾向について何らかの観点を設定して調べるために、授業に出席している人たちにアンケートをお願いすることにした。この条件のもと、具体的に調べてみたい点を、(例)にならって列挙してみてください。

　ここでのアンケートの目的は、概略「K大学の学生の読書傾向について、有意義な(興味深い)結果を得る」ということだと考えてよいでしょう。このような目的の場合、「調べてみたい点」というのは、トレーニングシートの(例)にあるように、ある程度自由に考えてよいことになります。この段階ではできるだけたくさん挙げるのがよいでしょう。どうでしょう、いくつ浮かびましたか？

　調べてみたい点が挙げられたら、次はそれを、具体的な設問として文章化していきます。設問の形は大きく分けて、複数の選択肢から選んでもらう「選択式」と、文章で自由に書いてもらう「自由記述式」の2つがあります。

　具体的に、トレーニングシート【課題1】1-1で挙がっている「K大学の学生のうち、新聞を毎日読んでいる人はどれぐらいいるのか」という観点をもとに、K大学学生の新聞を読む頻度について設問を考えてみましょう。この場合、選択式の設問としては例えば【課題1】1-2の(例)のような8つの選択肢を使った形、自由記述式の設問としては「最近あなたは新聞を、どれぐらいの頻度で読んでいますか？(自由に文章で答えてください)」というような形になるわけですね。

　設問の「選択式」「自由記述式」にはそれぞれメリットとデメリットがありますが、「選択式の方が集計しやすい(量的分析に適している)」「自由記述式は回答者の負担が大きい」という点から、「できるところは選択式にする」のが普通です。

💡「設問」作成のポイント

☐ まず、本来の調査目的に即し、「調べてみたい点(知りたい/聞いてみたい点)」を考える

☐ 次に回答者に回答してもらえるような形に文章化する
　設問の形式としては、可能なものは「選択式」にするよう努力する

　ここまでの点をふまえ、選択式の設問作成の練習として、【課題1】1-2の作業をしてください。【課題1】1-1で答えた「調べてみたい点」がどれも選択式の設問に適さないようであれば、【課題1】1-1に戻って、新たに選択式の設問に適した「調べてみたい点」を最低1つひねりだしてください。　　　▷ 25ページへ

アンケートのとり方

うまく設問はできましたか？ 実際にアンケートを行う場合は、与えられた回答時間等を見ながら、同じ要領で作成した多くの設問を並べていくことになります。

「お願い文」「フェイスシート」の書き方

設問が決まったら、3大要素の残りの2つ、「お願い文」「フェイスシート」を書きます。この2つには、ある程度決まった型が存在します。

まず「お願い文」ですが、ここに必ず入れなければいけない要素は、概ね

① アンケートをとる事情（調査者の自己紹介等を含む）
② 「お願いします」という趣旨の文章
③ 「回答者の個人情報に配慮します」という趣旨の宣言
④ 問い合わせ先

の4点です。記す順番も、だいたいこの順になるのが普通です。

このほかに全体として文章の座りをよくするための挨拶や、つなぎの文章を入れるのはもちろん結構です。これをふまえて、【課題2】の2-1をしてみてください。

▷ 26ページへ

どうでしょうか？ 書き終わったら、以下の解答例と比べてみてください。もちろん、趣旨が合っていれば、解答例と異なる部分があっても構いません。

【課題2】2-1解答例

　私はK大学文学部3年の〇〇〇〇という者で、現在研究テーマとして「大学生の読書傾向」を選び調査しています。
　つきましては、皆様にも授業の場をお借りして調査にご協力いただき、アンケートにお答えいただければ幸いです。
　回答は個人が特定されない形で処理され、皆様の個人情報が漏れたり、研究以外の目的に利用されることはありません。また、この調査についてご不審の点が生じたり、調査結果について興味を持たれた場合には、〇〇〇［住所・電話番号・eメールアドレスなど］までお問い合わせください。
　ご協力、どうか宜しくお願い申し上げます。

基本的な姿勢として、アンケートというものは回答者の好意によって成り立っている（回答しない自由もある）のだということを忘れず、丁寧にお願いする必要があります。直接口頭で説明できない場合などは特に丁寧に書きましょう。

次は「フェイスシート」です。フェイスシートというのは回答者の属性を記してもらう部分のことで、回答の傾向の男女差や学年ごとの差を見ようという場合などにおいては非常に重要になります。【課題2】の2-2をして、フェイスシート案を書いてみてください。記してもらいたい回答者属性は調査目的によっても変わりますが、性別・年齢（学年）・出身地域などを選択式の質問項目として立てることが多いようです。
▷ 26ページへ

どうでしょう、どんな感じになりましたか？　以下の解答例を見て、チェックしてみてください。

【課題2】2-2解答例

　質問に先立ち、あなた自身のことについてお伺いします。ただし回答したくない項目については記入しなくて結構です。

[当てはまるところに○をつけるか、〈　〉に書き込んでください]
Q．あなたの性別は？　　男（　）　女（　）
Q．所属学部／学科は？〈　　　　　〉学部〈　　　　　　　〉学科
Q．学年は？　〈　　　　　〉年次　……

注意すべき点は、フェイスシートの事項は個人情報などデリケートな要素が多いという点です。くどい印象を与えても構わないので、極力「答えたくない項目は回答しなくてよい」というコメントを入れましょう。

💡「お願い文」「フェイスシート」作成のポイント

☐ 「お願い文」の中には、①アンケートを取る事情（調査者の自己紹介などを含む）、②「お願いします」という趣旨の文章、③「回答者の個人情報に配慮します」という趣旨の宣言、④問い合わせ先、の4つを必ず入れる
☐ フェイスシートの項目にはデリケートな情報が多いので、「答えたくない項目には回答しなくてよい」というコメントを入れる

以上でアンケート用紙の3大要素はできあがりました。これらの冒頭に「アンケートのお願い」などの題名をつけ、最後に感謝のことば（「ご回答ありがとうございました。」など）をつければ、アンケート用紙が全体として完成したことになりますね。流れ全体を復習してみようという人は、【課題3】に挑戦してみてください。
▷ 27ページへ

11 資料の読みとり
表・図・グラフから情報を抽出しよう

　大学生になると、資料から情報を読みとる機会が多くなります。正しい情報を読みとることができないと困りますよね。そこで、この章では、資料から情報を読みとる時のポイントを学び、実際に練習をします。

🔊 表から読みとる──チェックポイントをおさえる──

早速、【課題1】に挑戦してみましょう。　　　　　　　　　　　▷ 29ページへ

【課題1】

　次の表は、日本の65歳以上の人口と、その人達がどのような家族形態で暮らしているか（夫婦だけで暮らしているか、子どもと同居しているかなど）を調べた結果です。この表から分かることを、最低1つ、考えてみましょう。

65歳以上の者の数　家族形態・年次別　　　　　　（単位　1,000人）

年次	総数	単独世帯	夫婦のみの世帯	子と同居	子ども夫婦と同居	配偶者のいない子と同居	その他の親族と同居	非親族と同居
昭和55年	10,729	910	2,100	7,398	5,628	1,770	300	21
平成元年	14,239	1,592	3,634	8,539	6,016	2,524	445	29
平成7年	17,449	2,199	5,125	9,483	6,192	3,291	611	31
平成14年	23,913	3,405	8,385	11,251	6,249	5,002	830	42
平成18年	26,051	4,102	9,511	11,439	5,814	5,625	969	29

平成7年は兵庫県を除く。
厚生労働省大臣官房統計情報部編『平成18年　国民生活基礎調査』（厚生統計協会）をもとに作成。

どうでしょう。佐藤君、答えをお願いできますか。

> 「65歳以上の人で子どもと同居している人は、昭和55年では7,398人で、平成18年では、11,439人なので、子どもと同居している人が増えているわけですね。いやー、いいことですね。」

　佐藤君、まず、人数が少な過ぎやしませんか。単位は「1,000人」だから、7,398人ではなく、正しくは7,398,000人でしょう。表題や単位などの基礎情報は大切なので見落とさないように気をつけましょう。なお、表題や単位などの他にも、注

や調査対象（誰／何を対象として調査したか）や調査項目（どんなことを調査したか）なども大切な基礎情報なので、忘れないでください。

　次に、子どもと同居している人の数についてですが、昭和55年と平成18年の数値を単純に比べると、確かに人数が増えているようにみえます。しかし、総数との割合をみるとどうでしょうか。子どもと同居している人の割合は昭和55年は「7,398,000÷10,729,000」で約69.0％、一方、平成18年では「11,439,000÷26,051,000」で約43.9％です。つまり、子どもと同居している人の割合は減っているのです。

　さらに、「何が分かるか」を考えるためには、「何が分からないか」を考える必要があります。

　例えば、この表からは、「子どもがいるのに子どもと同居していないのか」それとも「そもそも子どもがいないのか」ということが分かりません。よって、「（子どもはいるが）同居しない傾向がある」のか、「子どもを持たない傾向がある」のか、あるいはその両方か、などのことが、この表だけでは分からないわけです。「分からないことは何か」を考えないと、誤った解釈をする可能性が高くなります。

　このように述べると、表から情報を読みとることは難しいように思われます。しかし、逆をいえば、これらのことに注意すればよいわけですから、表をみる際のチェックポイントは、以下のように分かりやすくまとめることができます。

💡 資料の読みとりのポイント①

- ☐ 表題・単位・注・調査対象・調査項目・調査時期・調査機関（調査者）の基礎情報をおさえる
- ☐ 各項目間の数値をおさえ、各項目間の関係を割合で考えてみる
- ☐ 表から分からないことは何かを考えてみる（このチェック項目を設けるかどうかで、資料の読みとり能力には大きな差が出ます）

　【課題1】を例にとって簡単に説明しますと、「表題」というのは、「65歳以上の者の数　家族形態・年次別」のことです。「単位」は、「1,000人」ですね。また、「注」と明記されている部分はないのですが、この場合では「平成7年は兵庫県を除く。」という部分が「注」に相当するでしょう。このようなことは、意識していないと見落としてしまうことが多いので気をつけましょう。

　ポイントをおさえたところで、【課題2】の2-1と2-2に挑戦してみましょう。ポイント①のチェック項目をおさえるだけで、ずいぶん違ってくるはずです。

▷ 29ページへ

🔊 図から読みとる
―全体の分布を視野に入れて情報を読みとる―

次に図から読みとる練習をしてみましょう。【課題3】の3-1に取り組んでみてください。　　　　　　　　　　　　　　　　　　　▭▶ 31ページへ

では、また佐藤君に答えてもらいましょう。

> 「九州の一部では、ブンブンと言うんですね。勉強になります。あれ、東北と四国はセブンイレブンと言うのに、その間の関東はセブンとかイレブンとか言うんですね。東北と四国は離れているのに、面白いですね。」

佐藤君、よいところに気がつきましたね。ブンブンのように、目立つ箇所に注目するのは、とてもよいことです。

また、東北と四国で同じ言い方をしていることに気がついた点もよいですね。図から読みとる場合は、佐藤君のように「全体の分布を視野に入れて情報を読みとる」のがポイントなのです。この気づきを大切にして、もう少し図を見てみましょう。

関東では、イレブンがあり、その周りにセブンが点在していますね。そして、セブンの外側にはセブンイレブンが分布しています。大まかに言えば、あたかも、池に石を入れた時の波紋のように、次のように分布しているのです。

（同心円図：外側から「セブンイレブン」「セブン」「イレブン」）

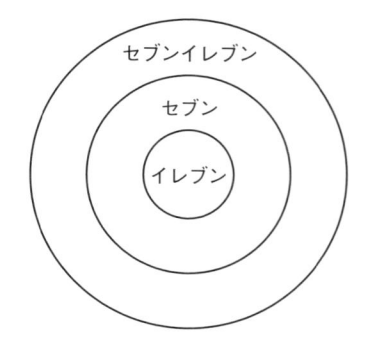

このような分布をなしていることは、全体像を視野に入れて考えることで、はじめて見えてくることです[*1]。

第 11 章

> 💡 **資料の読みとりのポイント②**
> ☐ 目立つ箇所に注目する
> ☐ 全体の分布を視野に入れて情報を読みとる

📢 複数のグラフから情報を読みとる

　今度は、ポイントの①②をふまえた上で、複数のグラフから情報を読みとる練習をしましょう。【課題3】の3-2にある2つのグラフを見比べて、似ているところと、違うところを考えてみてください。何か気づくことがあると思いますよ。

▷ 32ページへ

📢 騙されないように注意

　世の中には、正確ではない情報がたくさんあります。そんな情報に騙されないことも重要です。

　騙されないための練習として【課題4】を用意しました[2]。今まで学習したことの応用として取り組んでみましょう。騙されないようにするには、ポイント①のチェックをかけることが重要です（少なくとも、チェックしない時よりも騙されにくくなるでしょう）。【課題4】には、表題などがないので、チェックにとまどうかもしれませんが、よく考えてみると、ポイント①のチェックをかけることができる部分もありますよね。そこが大切なのです。

　それでは、【課題4】に挑戦してみましょう。

▷ 32ページへ

---

[1] このような同心円状の分布を、専門的には「周圏論的な分布」と言います。【課題3】の3-1を作成する際に参考にした永瀬2006（詳細は本書末尾の参考文献欄）によると、「セブンイレブン」という言い方が一番古く、遠くまで届いており、その後、セブンが発生して広まり、さらに首都圏で「イレブン」（近畿地方で「セブイレ」）が一番新しく発生したと考えられるそうです。このような考えに基づき、永瀬2006は、今後の予測として、関東などでは「イレブン」、近畿を中心とする地域では「セブイレ」が分布する可能性を考えています。興味深い予測ですね。

[2] 【課題4】は『統計でウソをつく法』（ダレル・ハフ著・高木秀玄訳、講談社）の134ページの情報をもとに作成しています。この本では、正しい情報の見方を分かりやすく学べるので、さらに詳しく学びたい人におすすめです。

資料の読みとり　47

12 効果的なプレゼンテーション

Japanese Expressions

レジュメ・視覚資料を作成しよう

　大学では、授業やゼミなどで発表する機会がたいへん多くなります。発表する内容がどんなにすばらしくても、プレゼンテーション（発表の方法）を間違えると、そのよさが聞き手に伝わりません。この章では、レジュメの書き方と視覚資料について学び、効果的なプレゼンテーションの基本を身につけます。

📢 聞き手や会場についての情報を集めよう

　発表は、聞き手に伝えたいことを理解してもらうために行うものです。ですから、発表に際しては、聞き手が発表内容についてどの程度の知識や興味があるのか、何を知りたがっているかなどの情報をできるだけ多く得ることが大切です。聞き手の興味を引き出しながら発表を進めることで、聞き手が理解しやすい発表になります。

　また、発表会場についての情報も、発表を成功させるために重要な情報です。プロジェクターなどの機器が使えるかどうか、どの程度の広さなのかなど、会場についての情報も集めるようにしましょう。

📢 構成を考えてレジュメをつくろう

　情報を集めたら、発表の構成を考えて、レジュメ（配付資料）やパワーポイント等による視覚資料を作成します。まずは、レジュメの作成について見ていきましょう。それでは、【課題1】をしてください。　　　　　　　　▷ 33ページへ

【課題1】

　次の2つのレジュメは、「国語学演習Ⅰ」という授業における発表レジュメの冒頭です。どちらがレジュメとして適切でしょうか。どのような点がよい／悪いのかも考えてください。

　発表時のレジュメは、発表の理解を助けるのが目的ですから、分かりやすくなければいけません。分かりやすい説明は、「結論→根拠」という構成でした（第7章参照）。発表でも基本的には同じですが、最初に「結論」を述べ、最後にもう一度「結論」を述べる「サンドイッチ型」の構成にすると、より分かりやすくなります。

これをふまえて【課題1】について見てみましょう。シート33ページ《例1》の斉藤君のレジュメはどうでしょうか。冒頭の文章は、テーマを思いついたときのエピソードですが、肝心のテーマがはっきりしません。また、授業でのレジュメに必要な、授業名や日付もありません。一方、シート33ページ《例2》の徳島さんのレジュメは、必要な項目が入り、構成も整っています。また、目的や結論を簡潔にまとめて枠で囲むなど、見やすさにも気を配っていますね。

　このように、レジュメでは、日付などの必要な項目を入れた上で、分かりやすい構成を考えて、要点を絞って重要なことのみ載せることが大切です。以下に【発表レジュメの例】を示しましたので、参考にしてください。

```
            【発表レジュメの例】

国語学演習Ⅰ　2008.5.30        3.2.　英語母語話者の場合
      会話における相槌の役割
    ─日本語母語話者と英語母語話者の比較─
              0812334A　徳島花子

1.発表の目的と結論              4.考察
                                4.1.　・・・・・


2.調査方法                      5.結論


3.調査結果
  3.1.　日本語母語話者の場合    《参考文献》


          - 1 -                        - 2 -
```

【必要な項目】
□授業名
□日付
□題名
□学籍番号と
　氏名
□ページ番号

【構成の例】
1. 発表の目的と結論
2. 調査方法
3. 調査結果
4. 考察
5. 結論
6. 《参考文献》

💡 プレゼンテーションのポイント① ─準備と構成─

□ 聞き手や会場についての情報を集める
□ 構成は「結論→根拠→結論」のサンドイッチ型がよい
□ レジュメは必要な項目を入れ、要点を絞って重要なことのみ載せる

📢 グラフの種類と特徴

　調査の結果を示すときに、結果を視覚的につかむことのできるグラフは有効です。何を示したいかによって、グラフの種類が異なりますから、それぞれのグラフの特徴をよく理解し、使いこなすようにしましょう。次に、主なグラフとその特徴をまとめます。

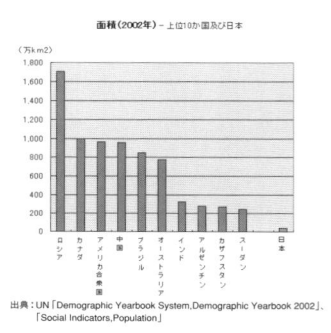

棒グラフ
数値を比較したいとき
（例）国の面積の比較

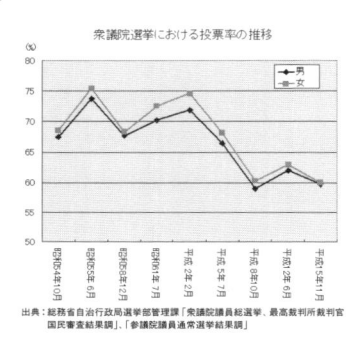

折れ線グラフ
数値の変化を示したいとき
（例）投票率の変化

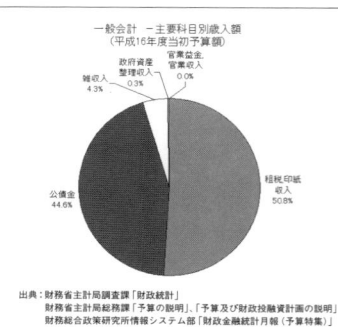

円グラフ
内訳を示したいとき
（例）国の歳入の内訳

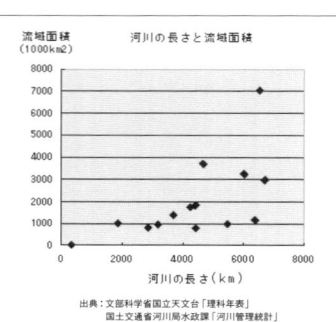

散布図
相関関係を示したいとき
（例）河川の長さと流域面積との関係

💡 プレゼンテーションのポイント②―グラフ―

☐ グラフの特徴を理解し、示したい内容に合わせて使い分ける

それでは、【課題2】をしてみましょう。　　　　　　　　　34ページへ

プレゼンテーションソフトによる視覚資料

　最後に、パワーポイントなどプレゼンテーションソフトによる資料作成について述べたいと思います。これらのソフトは、効果的な図表やグラフなどを簡単に作成することができ、さまざまな工夫もできるのが特徴です。資料をスライドにして、それを順番にプロジェクターで映すことによって、聞き手を引きつけながら、順序よく話すことができます。しかし、凝りすぎたスライドは逆効果です。スライドのポイントも、レジュメと同様、一目で分かるシンプルなスライドを必要な枚数つくることです。不必要な情報を盛り込みすぎたり、過剰な効果をつけすぎたりして、聞き手の注意をそらし、発表が分かりにくくならないよう、くれぐれも注意しましょう。内容にもよりますが、1分間に1枚程度のスライドが基本です。それぞれのスライドが発表の内容に本当に必要なのか、また、スライドに盛り込まれた情報は的確で分かりやすく示されているか、よく吟味して、効果的なスライドを作成しましょう。

プレゼンテーションのポイント③　―パワーポイント―
□ 一目で分かるシンプルなスライドにする
□ 発表を理解するために必要な枚数だけつくる（基本は1分間に1枚程度）

　では、最後に【課題3】に取り組んでみましょう。　　　　　35ページへ

必ずリハーサルを行おう

　資料の準備が済んだら、与えられた時間内にプレゼンテーションできるかどうか、必ず時間を計ってリハーサルを行いましょう。発表内容を聞き手に伝えるには、声の大きさや話す速さも大切です。「大きめの声でゆっくりめに」を心がけるとよいでしょう。また、視線にも気を配りましょう。聞き手に視線を向けて話しかけるようにすると、コミュニケーションのとれたプレゼンテーションになります。できれば他の人にリハーサルを聞いてもらうとよいと思います。修正点を指摘してもらい、よりよいプレゼンテーションをめざしましょう。

13 堅実なレポートの書き方1

Japanese Expressions　具体的な手順を学ぼう

　大学ではレポートを書く必要があります。レポートは、内容と体裁が重要です。この章では、レポートの内容面に話題を絞り、大学でレポートを書く理由や堅実なレポートとは何かなどを考え、堅実なレポートを書くための手順を具体的に学びます。なお、体裁は次章で学びます。

　早速【課題1】に挑戦してみてください。　　　　　　　　　▷ 37ページへ

【課題1】
　あなたの考えている「堅実なレポート」とはどのような内容のものですか。内容の具体的なイメージを教えてください。

🔊 大学でレポートを書く2つの理由

　まず、大学でレポートを書く理由を考えてみましょう。学生が自分の考えをまとめるために書くというのは、もちろんですが、ここでは、別の角度から考えます。このことを考えることで、どのようなレポートがよいのか見えてくると思います。

　1つは、「教員が学生の理解度をチェックするため」です。ですから皆さんは、「授業の内容をきちんと理解しているのだ」ということが、相手（教員）に伝わるようにレポートを書く必要があります。また、もう1つの理由は、「卒業論文や社会に出てから書くレポートの練習のため」です。教員にレポートを提出して指導や評価を受け、来るべき時に備え訓練をするわけです。よって、「卒業論文や社会に出てから書くレポート」に内容のパターンが似ているレポートを書いた方がよいでしょう。

💡 堅実なレポートの書き方のポイント①

- ☐「授業の内容をきちんと理解しているのだ」ということが、相手（教員）に伝わるようにレポートを書く
- ☐「卒業論文や社会に出てから書くレポート」に内容のパターンが似ているレポートを書く

堅実なレポートとは何か
―小規模な調査＋考察＝堅実なレポート―

レポートの書き方は多岐に渡り、その全てをこのテキストの中で説明することは不可能です。しかし、堅実なレポートの典型的な書き方の1つを提案することは可能です。それは「小規模な調査＋考察＝堅実なレポート」です。

「小規模」とついているのは、第15章で述べる卒業論文と比べて規模が小さいからです。また、ここでいう「調査」とは、アンケートなどの調査だけではなく、文献の調査なども含めた広い意味での調査のことを指しており、大まかにいえば、「分からないことの実態や事実関係を明らかにする」あるいは「現段階で分かっていることと、分からないことを整理する」などの作業のことです。前者は実態や事実関係の調査、後者は先行研究の調査を行うことになります。

ここでいう「考察」とは、「小規模調査で把握した実態や事実関係から何が分かるか、また、実態や事実関係がどのような意味をもつか考えること」、あるいは、「現段階で分からないことを明らかにするためには、どのような調査が必要か考えること」を意味します。このような書き方は、卒業論文や社会に出てから書くレポートの基本であり、「堅実なレポート」の典型の1つとしておすすめです。

レポート課題によっては、「小規模な調査」のみでよいものもありますし、調査や考察の内容も、課題にあわせて柔軟に考える必要はありますが、これらは全て基本の応用と考えればよいわけです。

堅実なレポートの書き方のポイント②

☐ 堅実なレポートの典型の1つは、「小規模な調査＋考察」である。あとはこれの応用である

レポートのタイプと対策

一度、堅実なレポートのイメージをつかめば、あとは比較的楽に対応を考えることができます。実際、大学のレポートは、大まかにいえば、「小規模な調査＋考察」のタイプ（仮にⅠ型とします）か、「小規模な調査」のみのタイプ（仮にⅡ型とします）のどちらかに分類できるのです。

実際に【課題2】に取り組んでみましょう。　　　　　　　▷ 37ページへ

できましたか。それでは、渡辺君に答えを聞いてみましょう。

【課題2】の（オ）は一見難しそうですが、ガイドラインを調べればよいだけですから、明らかにⅡ型ですよね。（カ）も「まとめる」という作業があるから、考える部分もあるんだろうけど、心理学の入門書を見れば大体レポートは書けると思うので、ほぼⅡ型かな。（オ）や（カ）は調べる時間さえあれば、レポートを書けそうな気がします。（ア）はⅠ型だと思います。あとは、どうですかね。「自由に述べよ」って言われても……

渡辺君は、【課題2】の（ア）（オ）（カ）については分かっていますが、「自由に述べよ」あたりを難しく感じているようです。答えを言うと、明らかにⅡ型である場合を除いては基本的にはⅠ型と考えた方が無難です。「自由に述べよ」「自由に論述せよ」のように書いてあっても、本当に自由に書いてはいけません。【課題2】の（イ）のレポートで、「『のぼる』と『あがる』の違いなんて、はっきり言ってどうでもよいと思います」などと書けば、おそらくよい評価を得ることはできないでしょう。「授業の内容をふまえた上で調査を行い、考察を加える」というスタイルの方が、明らかに堅実な対策と言えます。

調査課題を設定しよう
―まずはブレーンストーミング、困ったら先行研究―

先に見た【課題2】の（ア）〜（エ）に関しては、何を調査したらよいのかも考える必要があるので、その分、（オ）（カ）よりも難しい課題です。それでは、調査課題はどのように設定すればよいでしょうか。ここで、【課題3】に挑戦してみてください。

▷ 38ページへ

これも渡辺君に答えを聞いてみましょうか。

（ア）は「少子高齢化」に伴い、家族の形態がどのように変わってきたのか興味があります。（イ）は、好きな小説から「のぼる」と「あがる」を抜き出して比べるという調査ができるし、僕、昔から、「木のぼり」とは言うけど、「木あがり」って言わないのはどうして？って思ってたんで、そんなことも調べたいですね。（ウ）は、授業で習った「攻撃手がかり説（武器があると攻撃をしやすくなるだっけ？）」の観点から最近の事件を見てみたいし、それから、昔と今の青少年犯罪でどんな違いがあるのかも調査してみたいです。ただ、（エ）はちょっと、どうしてよいか……、調査って言われても……

渡辺君、かなりいいですね。調査課題を決める時には、渡辺君のように、興味を

もったことや知りたいことを、どんどん挙げていくのがよいでしょう。その際は、否定的なことは考えないで、とにかくアイディアを挙げていく。これはブレーン・ストーミング（以下「ブレスト」）という考え方を取り入れているのですが、まずは渡辺君みたいにブレストしてみましょう（これはなかなか楽しいものです）。次に、時間的な制限や授業で習ったことをふまえて、実行できそうな調査課題に絞る、というのがよいでしょう。

渡辺君は（エ）に関して困っているようですが、そのような時に助けになるのが先行研究です。先行研究を見れば（先行研究の調べ方は第9章を参照）、何が村上春樹の作品で論点となっているのか分かるので、調査課題を設定しやすくなるわけです。さらにいえば、（エ）だけではなく、どの課題にも適用できることですが、どうしても調査課題を考えつかなかった場合には、先行研究をいくつか見て特定のテーマを決め、さらにそれらの先行研究を集めて、現段階で分かっていることと分からないことを整理した上で「現段階で分からないことを明らかにするためには、このような調査が必要である」ということをレポートに書けばよいのです。次章で述べるレポートの体裁さえ守っていれば、これはもう立派なレポートであると言えます。

どうですか。【課題1】と比べてかなりイメージがはっきりしたのではないでしょうか。

> **堅実なレポートの書き方のポイント③**
> ☐ 調査課題の設定は、まず、ブレストして自由に発想し、その後、時間的な制約や授業の内容などを考えて課題を絞るという手順がよい
> ☐ 困ったら先行研究を見る

なお、教員によっては、まず先行研究を見て、調査されていないことを把握するべきだという考え方に立つ場合もあります。レポートを書く際に不安であれば、どのような書き方が求められているか担当教員に確かめるのがよいでしょう。

最後に次章へのステップとして、【課題4】を用意しました。この課題は、レポートの内容・体裁のお手本となる学術雑誌（その分野の中で最も権威のある雑誌など）を担当教員に聞いて、その雑誌の中から興味をもった論文（例えば、将来的に卒業論文で取り組んでみたいテーマを扱ったものなど）を選び、入手するという課題です。雑誌論文の入手方法は第9章を参照してください。入手した論文は、次章と、第15章の【課題2】でも使いますので、大切にとっておいてください。

それでは、【課題4】に取り組んでみましょう。　　　　　　　　　▷ 39ページへ

14 堅実なレポートの書き方2

Japanese Expressions　体裁を身につけよう

　レポートは、きちんとした体裁で書く必要があります。そこで、この章では、レポートの体裁に話題を絞り、きちんとした体裁を身につける練習をします。ここで学習する体裁は、卒業論文を執筆する時にも役に立つものです。

実は大切な「体裁」

　どうも「体裁」という言葉には悪い印象をもつ人がいるようです。それはおそらく、この言葉に「世間体・見栄」「うわべだけの言葉」などの意味があるからでしょう。

　しかし、レポートや論文を書く際の「体裁」とは、そのような意味ではありません。この場合の「体裁」とは「(論文やレポートなどの) 一定の形式」のことなのです。各自が勝手な形式でレポートなどを執筆していると、収拾がつかなくなる可能性があるため、レポートや論文の体裁は、内容と同様に大切であると言われています。場合によっては、体裁が整っていないと、レポートや論文として認められないこともあるほどです。

　よって、レポートや論文で体裁が決められている場合、その体裁を必ず守らなければなりません。

　体裁は一回覚えればずっと使用できるものであり、加えて、体裁を守ることでレポートや卒業論文の執筆計画を立てやすくなります。一見、体裁を学ぶことは面倒なように思えますが、メリットは多く、デメリットはないのです。

堅実なレポートの書き方のポイント④
□ 体裁は必ず守るようにする

レポートや卒業論文の作成要領などをよく見よう

　まず、レポートや卒業論文の作成要領などがある場合は、それをよく見てみましょう。多くの場合、体裁について書いてあるはずです。例えば、「A4で4枚以上・5000字程度、横書き・縦書き自由、手書き不可、学籍番号・名前・論題を記した表紙をつけること、参考文献をつけること」などのようにです。このような情報に

よって、レポートの分量や用紙の大きさなどを把握するわけです。たまに「まず内容を書いて最後に体裁を整える」という手順でレポートを書いている学生を見ますが、二度手間になる場合が多く、おすすめできません。求められている体裁は必ず最初に確認しましょう（不安なことは担当教員に聞いて確かめるようにしましょう）。

堅実なレポートの書き方のポイント⑤
□ 最初にレポートや卒業論文の作成要領などをよく見て体裁を確認する

なお、レポート課題などに記されている締切は厳守する必要があります。少しでも遅れた場合、受け取ってもらえないこともあるので注意しましょう。安全をみて、締切の一日前には提出した方がよいと思います。

自分の分野の体裁をおさえよう
―体裁を真似るのは、よいことです―

体裁を学ぶ際にやっかいなことは、分野によって体裁が微妙に異なることです。しかし、不安に思うことはありません。自分の分野の体裁を知る簡単な方法があるからです。

すでに、皆さんは、前章の【課題4】で、内容・体裁のお手本となる論文を入手していることと思います。その入手した雑誌論文の体裁をそのまま真似ればよいのです。内容を真似ると剽窃なので論外ですが、体裁を真似ることはよいことなのです。学術雑誌には基本的に体裁の指定がありますし、体裁について分からないことがあったら、その雑誌に載っている論文を見ればよいわけですから、これはとても楽です。

堅実なレポートの書き方のポイント⑥
□ お手本とする論文を手に入れて、その体裁をそのまま真似る

お手本とする論文の分析
―論題・構成・注・参考文献など―

では、実際にお手本とする論文を分析して、どのように真似ればよいのか考えてみましょう。体裁を真似る際に注目するべき主なポイントは、次の通りです。

①論題（論文のタイトル）、②要旨の有無、③1頁の大きさ（A4判かB5判かなど）・1頁あたりの行数と1行あたりの文字数、④論文の構成、⑤調査の概要（調査対象や調査方法）の書き方、⑥注の内容と書き方、⑦参考（あるいは引用[*1]）文献の書き方、⑧文体、⑨記号、⑩フォントや下線などの使用

　これらのポイントを身につけられるように【課題1】を用意しました。お手本となる論文を分析して、自分の分野の体裁を身につけましょう。分析する論文の内容が正確に分からない場合でも、この課題をすることで、体裁に関するイメージが、かなりはっきりすると思います。このような体裁で、レポートや卒業論文を書けばよいわけです。では、早速、【課題1】に挑戦してみましょう。　▷ 41ページへ

【課題1】
　お手本とする論文について次のことを調べてみましょう。

　体裁に関して付け足しておきますと、【課題1】を通して学術雑誌の体裁を身につけたからといって、レポート課題に書いてある体裁を無視してはいけません。なお、卒業論文の場合は、表紙や目次なども要求される場合が多いようです。

🔊 どんどん引用をしよう

　ここで皆さんに強調しておきたいことがあります。文献を示さずに引用した場合は、「剽窃」と見なされ、考えを盗んだとされてしまいます。一方で、文献を明示して引用すれば、先行研究をよく調べているという点で高く評価されることが多いのです。研究というのは積み重ねであり、先行研究の成果を引用することは、とても大切なことだと考えられているからです。先行研究の考え方や、調査方法・調査結果などを参考にする場合は、文献を明示して、どんどん引用するようにしましょう。

　実際の引用の方法は、大きく分けて2通りあります。1つは「　」や"　"などの引用符号を使った方法で、以下のように引用します。

> ［引用例1］柄沢（2009：67）は「この曲（筆者注：「クラリネットをこわしちゃった」）に出てくる少年は、楽器をとても大切にしており、クラリネットの練習をしていない可能性がある」と述べている。　※この論文は架空のものです。

　柄沢（2009：67）というのは、「柄沢」という研究者が西暦2009年に書いた論文

の67ページに、引用された文言があることを意味しています（分野によって、若干、表記のルールが異なります）。この場合の引用のポイントは、「　」や"　"の中は、元の論文と全く同じ文言にする必要があるということです。引用をする側が注記を加える場合は、[引用例1]のように（　）の中に、その旨を明記します。

　もう1つの引用の方法は、「　」や"　"などの引用符号を用いない方法で、以下のように引用します。

[引用例2] この問題については、柄沢（2009）が論じているように、クラリネットの練習をしていないという可能性がある。

この場合でも、元の論文の趣旨を変えないように引用する必要があります。
　引用のパターンはたくさんありますが、基本的な方法は上記の2つであり、あとはこの応用と考えると理解が早いと思います。

堅実なレポートの書き方のポイント⑦
- □ 引用文献を隠さず、積極的に引用する
- □ 引用の方法には引用符号を用いる方法と用いない方法がある。引用符号の中は、元の論文と全く同じ文言にする必要がある

　では、早速、引用に関する【課題2】をしてみましょう。この課題に取り組むことで、自分の分野の引用方法が分かるはずです。　　　　　　　43ページへ

論題のつけ方

　レポートや卒業論文を書く際に、論題（論文のタイトル）のつけ方で悩む学生が多いので、最後にこの点について述べたいと思います。論題は「内容が連想できるもの」がよいのです。迷ったら、【課題1】で調べた論文が掲載されていた雑誌の他の論文や、過去の卒業論文の論題を見てみましょう。内容を想像できるものがよい論題で、何が書いてあるのか見当がつかないものはよくない論題です（実際の内容と全く違うことを連想させるのは悪い論題です）。節タイトルをつける時も同様に考えればよいものができます。

---

*1　本書では引用文献と参考文献の違いについて詳しい言及はしませんが、両者の違いを重視する分野もあります。

15 卒業論文に向けて
研究計画を立てよう

　多くの大学生は、卒業論文を書く必要があるでしょう。しかし、具体的なイメージをつかむことができず、不安に感じることも多いのではないでしょうか。そこで、この章では、卒業論文のイメージや研究計画の立て方について分かりやすく学んでいきます。

　卒業論文（以下「卒論」）は、各大学・各分野によってかなりの異なりがあります。したがって、本章で述べることは、あくまでも一例です。しかし、うまく応用すれば、多くの分野に適用できるものと考えています。

卒業論文とは何か ─レポートとの違い─

　「卒論」とは何でしょうか。典型的なものを1つ述べれば、「調査＋考察」であると言えます。レポートは「小規模な調査＋考察」でしたが、卒論はその規模が大きくなったものというイメージです。また、レポートとの大きな違いは「先行研究で明らかになっていないことを明らかにする」ことが、必須条件ということです（教員にもよりますが、レポートでは必須とまでは言えないでしょう）。

　さらにイメージをつかみやすいように、卒論の目次の一例を示します（なお以下の研究は、「クラリネットをこわしちゃった」という歌の歌詞に関する架空の研究です）。

```
目次
要約（Summary）
1章　研究目的と意義、及び結論―なぜクラリネットの音がでなかったのか―
2章　基本的な用語の説明
3章　先行研究
　　3.1.　先行研究の概観
　　3.2.　奥川（2003）―クラリネット初期不良説―
　　3.3.　宮沢（2004）―歌詞意訳説―
　　3.4.　吉野（2005）―少年妄想説：発達心理学からのアプローチ―
　　3.5.　栗橋＆林（2007）―手入れ不足説―
　　3.6.　先行研究の問題点
4章　調査概要―5～14歳の子供100人にクラリネットを吹いてもらう―
　　4.1.　調査対象者の説明
　　4.2.　調査方法の説明
```

5章　調査結果―音をきちんと出すにはマウスピースが重要―
6章　考察―クラリネットは実は壊れていなかった―
7章　結論と今後の課題
引用文献一覧
調査資料一覧
添付資料：調査の全データ

📢 安全で確実な卒論の進め方―指導教員に相談に行こう―

　では、安全で確実な進め方の一例を示しましょう。大切なことは、各段階ごとにレジュメを作って指導教員に相談していくことです。そうすれば、問題のある時は指導を受けることができるので安全ですし、卒論の執筆自体はレジュメを繋ぎあわせる作業が中心となるので、確実に卒論が完成します。どの段階で指導教員に相談に行くべきか判断しやすいように、以下に論文執筆の大まかな段階を示します。なお、相談する時の注意点もあわせて示しますので参考にしてください。

段　階	内　容	相談する時の注意点
締切を確認する	卒論作成要領などを参照し、正確な締切日と締切時間、及び提出場所を確認する。	
テーマを見つける	入門書などを読み、興味のあるテーマを探す。	自分で入門書を調べた後（第9章参照）、どの入門書がよいか聞くとよい。何も調べずに「教えてください」はダメ。
先行研究を調べる	テーマが決まったら、どんな先行研究があるかを調べる（第9章参照）。	自分で先行研究を調べた後、他にどんな研究があるか聞くとよい。
先行研究の問題点を考えて調査課題を決める	先行研究では明らかになっていないことを指摘し、調査課題を決める。	この時は、自分でブレスト（第13章参照）を行い、調査課題を3つ〜4つくらいに絞ってから教員に相談に行くとよい（絞る前の課題と絞った後の課題、及び絞った理由をまとめておくとなおよい）。
（心配な人はテスト調査を行う）	本調査で結果がでないことを心配するのであれば、教員と相談の上、テスト調査を行うとよい。	
調査の詳細を決める	どのような調査を行うか具体的に決定する。	原案を作ってから教員に相談に行くとよい。

調査の実施と調査結果のまとめ	調査を行い結果をまとめる。	ある程度形になったら教員に見てもらうとよい。
考察	調査結果から分かったことをまとめ、その後さらに必要な調査を考える。	ある程度まとまったら教員に相談に行くとよい。
論文執筆開始	それぞれの段階におけるレジュメを繋ぎあわせ、足りない部分を書き足す。	

> **卒業論文に向けてのポイント①**
> ☐ 各段階ごとにレジュメを作って教員に相談する

では、【課題1】に取り組んでみましょう。　　　　　▷ 45ページへ

【課題1】

卒業論文の研究計画表を完成させてみましょう。

📢 どのようにして研究テーマを探すか

　この段階までくると、皆さんの不安は「研究テーマを探せるか」「先行研究の問題点を見つけられるか」という、かなり具体的なものになってきたと思います。それぞれにアドバイスがあるので、順を追って述べていきましょう。

　研究テーマを探す方法の1つとして、次のような多読の方法がおすすめです[*1]。各分野には、入門書や初学者向けに書かれた論文などがあると思います。まずはこれらを読むわけですが、この時に、「分からなかったらとばす」「つまらなかったらやめて、次の章（本）に進む」ことを意識して、無理をしないことがポイントです。最初の段階から無理をする必要はありません。「つまらなかったら、次、次！」という気楽な姿勢で、この段階では多くの入門書や初学者向け論文にあたりましょう。そのうちに、何が論点か分かってきますし、興味をもてるテーマも見つかるはずです。また、自分のレベルや興味にあった入門書にめぐりあえる確率もぐんと高くなります（気に入った入門書を見つけたら、それをじっくり読んでみるのもよいでしょう）。

卒業論文に向けてのポイント②

□ 気楽な姿勢で多くの入門書や初学者向けの論文にあたる。分からなかったらとばし、つまらなかったらやめて、次の章（本）に進む

先行研究の問題点の見つけ方

　先行研究の内容を以下の10の観点から検討してみましょう。この作業を繰り返すことで、問題点[*2]を見つけやすくなります。問題点を見つけることができなくても、その研究に対する理解は確実に深まるので、有意義な作業です。

- □ 先行研究の成果で説明できない現象はないか。
- □ 1つの要素の調査だけで、その要素の特徴としていないか。※例えば、大阪府民の調査だけでは、大阪府民の特徴が分かったとは言い難い。大阪府民の結果と他の要素（東京都民などの結果）を比較することで、大阪府民の特徴が見えてくるのである。
- □ 先行研究の成果や考え方を、別の分野（あるいは、対象・時代）に応用できないか。
- □ 先行研究が前提としていることは何か、前提としていることに根拠はあるのか。※根拠がなければ調査する必要がある。
- □ 調査対象を変えた場合でも、結果が予測できるのか。※予測できなければ調査する必要がある。
- □ 調査するべきなのに、調査されていない資料（対象）はないか。
- □ 先行研究の調査に再現性はあるか。※第三者が調査を再現できるか。
- □ 2つ以上の先行研究の結果を比べて矛盾はないか。
- □ 先行研究では、必要十分条件のように結論を書いているが、実は、必要条件（あるいは十分条件）ではないか。※「必要十分条件」などの言葉が分からない場合は、第8章の方法で調べてください。
- □ 先行研究の調査は古いもので、新しい調査をする必要があるのではないか。

　ここで、【課題2】【課題3】に挑戦してみましょう。なお、本章の【課題2】と【課題3】は難易度が高く、これらの課題において、1つあるいは2つでも問題点の発見ができたり調査課題の設定ができたりすれば、それはとても素晴らしいことだと言えます。

▷ 46ページへ

---

*1　この方法は、酒井2002（詳細は本書末尾の参考文献欄）などの英語の多読学習をヒントにしたものです。
*2　研究のきっかけにするためのチェックですので、これらの項目の中には、「問題点を見つける」という言い方では不適切なもの（先行研究の成果を応用する場合など）も含まれています。

16 履歴書の作成
Japanese Expressions　しっかりとした履歴書を書こう

　大学生になると、アルバイトやインターンシップなどをする機会もあると思います。そのときに必要になるのが履歴書です。履歴書の書き方次第で、印象の善し悪し、採用されるか否かが大きく変わってきます。履歴書の書き方をマスターし、将来の就職活動にも備えましょう。

📢 履歴書は公式の書類

　履歴書は、就職やアルバイトを希望する場所に提出する公式の書類です。履歴書は採用する側がその人物を採用するかどうか判断する重要な資料であり、採用後には、その人物についての公式の資料として保存されます。ですから、採用する側が必要とする情報を正確に分かりやすく記入する必要があります。

　履歴書は、「履歴」部分と「自己紹介」部分とに分けられます。「履歴」部分は、氏名や住所、学歴など、個人の基礎データを記入する部分で、「自己紹介」部分は、性格や志望動機など、自分はどのような人物でなぜその仕事を希望するのかをアピールする部分です。「自己紹介」部分に企業独自のアレンジを加えたものが「エントリーシート」です。

📢 「履歴」部分はルールに従い正確に

　それでは、「履歴」部分の書き方から見ていきましょう。【課題1】の1-1にとりかかってください。
　　　　　　　　　　　　　　　　　　　　　　　　　　　▷ 49ページへ

【課題1】1-1
　下の様式に、鉛筆またはシャープペンで記入して、履歴書の下書きを作成してください。書き方の分からないところは空欄のままで結構です。

　「履歴」部分の役割は、「個人の基礎データを正確に読みやすく示す」ことです。そのために、書き方のルールが決まっています。書くときには、書き方のルールに従って、正確な情報を記入しなければなりません。誤った情報を記入すると、経歴詐称になりますからくれぐれも注意しましょう。
　次に挙げる見本と ⇐▢ などで示したチェック項目の内容を確認してください。

第 16 章

- ☐ 提出日（郵送の場合は投函日）を元号・算用数字で。
- ☐ 「ふりがな」ならひらがな、「フリガナ」ならカタカナで。
- ☐ 注意書きがある場合はその期日時点、それ以外は提出日時点での満年齢。
- ☐ 捺印は丁寧に。

履　歴　書

平成 20 年　7 月　14 日　現在

| ふりがな | ながさき　じろう | 男／㊛ |
| 氏名 | 長崎　次郎 | ㊞ |

生年月日　平成元 年　7 月　7 日（満 19 才）

ふりがな	とうきょうとちよだくろくさきちょう	電話 03-****-****
現住所	東京都千代田区六崎町○丁目○番○号	携帯 090-****-****
E-mail(PC)	＿＿＿＠＿＿＿	FAX なし
（携帯）	＿＿＿＠＿＿＿	
ふりがな	とうきょうとちよだくろくさきちょう	電話 03-****-****
連絡先	東京都千代田区六崎町○丁目○番○号	FAX なし

写真

年	月	学　歴　・　職　歴
		学　歴
平成14	3	東京都千代田区立三省小学校卒業
平成17	3	東京都千代田区立三省第一中学校卒業
平成17	4	東京都立新明解高等学校入学
平成20	3	東京都立新明解高等学校卒業
平成20	4	大辞林大学文学部日本文学科入学
平成20	7	大辞林大学文学部日本文学科在学中
		職　歴
		なし
		賞　罰
		なし
		以上

- ☐ 写真の裏に氏名を記入しておく（はがれたときのため）。
- ☐ 都道府県名から「○丁目○番○号」まで記入。アパート名・部屋番号等も略さずに。
- ☐ 現住所と同じでも略さずに記入（「現住所以外に連絡先を希望する場合のみ記入」とある場合には書かなくてもよい）。
- ☐ 小学校卒業、中学校卒業、高等学校入学、高等学校卒業、大学入学、大学卒業見込み（3年までは「在学中」）の順に（どの校種から書くかは他にも書き方あり）学校名は正式名称で。
- ☐ アルバイトは原則として書かない。
- ☐ 最後の行の右に「以上」と記入。
- ☐ 「学歴」「職歴」「賞罰」の項目名は、それぞれ行の中央に。
- ☐ 「賞」は全国レベルの受賞、「罰」は犯罪歴。

☐ 日付は元号・算用数字で。

チェック項目の内容を確認したら、【課題1】1-2に進みましょう。　▷ 49ページへ

履歴書の作成　65

自分の履歴書の下書きは完成しましたか。それでは、いよいよ清書です。清書は手書きで、字の巧拙より「丁寧に清書をしているか」が重要です。具体的には、
□　黒の筆記具（万年筆やボールペンなど）で略字を用いず丁寧に記入する
□　書き間違えた場合は修正液などを使わずに新しい履歴書に書き直す
に気をつけましょう。
　最後にもう一度、「履歴」部分の書き方のポイントを確認しておきましょう。

💡 履歴書の書き方のポイント①　―「履歴」部分―
□　正確な情報を記入する
□　書き方のルールに従って丁寧に記入する

では、【課題1】1–3に進んでください。　　　　　　　　　　⇨ 49ページへ

🔊 「自己紹介」部分は具体的に分かりやすくアピール

　次は、「自己紹介」部分です。採用する側は、「役に立ってくれるだろうか」「一緒に仕事をしていけるだろうか」という点を見ます。履歴書には、市販のものや大学が作成したものなどいくつかの種類があり、「自己紹介」部分の項目やスペースなどが異なりますから、実際に作成するときには、じっくりと比較をして、自分をアピールできるものを選びましょう。
　ここでは、エントリーシートにも応用が利くことを念頭に置き、アルバイト先に提出する書類としてやや詳しいタイプの自己紹介書を作成していきます。
　右のページの【悪い例】と【よい例】を比べてみましょう。【悪い例】は、欄に空白が目立ち、書いていることも単語の羅列で具体性がありませんね。これではどのような人物なのか判断できません。例えば「国語」だけでなく、国語の何が好きで得意なのか、「読書」だけでなく、具体的に何を読んでいるのかなど、具体的な内容を書きましょう。長所短所など自己アピールについて書く場合には、独りよがりにならないよう、他の人の評価や具体的なエピソードなどを入れると、より説得力が増します。
　「志望動機」欄も同様です。志望動機では、なぜその「仕事」「職場」を希望するのかが重要となります。例では「駅前の古本屋で販売員を志望」ですが、「本が好きだから」という理由では、「駅裏の本屋でもいいんじゃないか」と思われてしまいます。自分がなぜそこで働きたいと考えたのか、例えば、「商品が気に入っている」「働いている場所や人の印象がよい」「そこの仕事に興味がある」「自分に向いている」など、いろいろな点から考えて、具体的に説明するようにしましょう。次

の例を見ながら、【課題2】2-1、2-2をしてください。　　　　　50ページへ

——駅前の古本屋で販売員を希望する場合——

【自己紹介：悪い例】

自己紹介書	
志望動機	本が好きだから
自己アピール (私の特徴、長所・短所など)	粘り強い
卒論 研究課題 ゼミナール 得意科目など	国語
課外活動 (クラブ・サークル・ボランティア・インターンシップ・地域活動など)	児童館でのボランティア
趣味・特技	読書

年	月	免許・資格
平成20	3	運転免許

【自己紹介：よい例】

自己紹介書	
志望動機	私は本が何より好きで、貴店もよく利用させていただいています。貴店を訪れるたびに、本と読書を大切にする従業員の方々と接し、自分もこのようなところでぜひ働きたいと考え、志望しました。
自己アピール (私の特徴、長所・短所など)	私の特徴は、粘り強く物事をやり遂げる点です。高校時代に新たに演劇部を立ち上げた際、様々な問題が生じました。しかし、それらを一つ一つ解決し、2年後には演劇の公演を無事成功させて、その年の○○県高等学校演劇大会奨励賞を受賞することができました。
卒論 研究課題 ゼミナール 得意科目など	国語：古典文学、とくに日記文学に興味を持っています。大学では、日本文学科に在籍しており、平安文学のゼミに進んで、日記文学について研究したいと考えています。
課外活動 (クラブ・サークル・ボランティア・インターンシップ・地域活動など)	高校1年から、児童館で絵本の読み聞かせを行うボランティア活動を行っています。練習もせずいい加減な読み方をしても子どもに聞いてもらえず、準備を入念に行うことの大切さを学びました。また、絵本の楽しさも実感しています。
趣味・特技	読書：古典文学ではとくに和泉式部日記が好きです。また、最近推理小説にも興味を持ち、アガサ・クリスティやエラリィ・クイーンなどの作品を集中して読んでいます。

年	月	免許・資格
平成20	3	普通自動車第一種免許取得

下書きを書いたら、全体をもう一度通して読みかえしましょう。個別の内容がいくらよく書けていても、全体に一貫性がないと、説得力がありません。例えば、物静かでおとなしい性格だと書いてあるのにもかかわらず、お客さんに積極的に話しかけ反応をもらいながら行う実演販売が希望だとあっても、採用する側は、本当にこの人に任せて大丈夫だろうかと、とまどってしまいますね。自己分析や仕事の分析などを丁寧に行い、なるほど、この人なら仕事を任せられる、面接してみよう、と思わせるような履歴書をめざしましょう。

履歴書の書き方のポイント② —「自己紹介」部分—

☐ どの項目についても具体的に説明をする
☐ 全体の内容に一貫性をもたせるようにする

17 面接の受け方
質問内容を予想して準備しよう

　アルバイトやインターンシップなどにおける面接は、採用されるかどうかを左右する重要な関門です。印象のよい面接の受け方をマスターし、将来の就職活動にも備えましょう。

📢 面接は人物を総合的に判断する場

　面接は、採用する側が応募してきた人物に対して「働いてもらいたい人物かどうか」を判断するために行います。面接官が質問をし、応募者がそれに答えるという双方向のやりとりを積み重ねることによって、面接官は、自分のところで働いてもらいたい人物と一致するかどうかを、答える内容や表情、しぐさなどから総合的に判断します。ですから、面接では、自分がどのような人物で、どのような貢献ができるのか、ということを明確に伝えられることが重要です。

📢 職場分析と自己分析を入念に行おう

　自己アピールと志望動機は、ほぼ全ての面接で聞かれる質問です。採用側は、なぜこの場所で働きたいのか、どういう能力を発揮できるかを知りたいのです。
　まず、自己アピールから考えていきましょう。基本的には第1章でのポイントと同様「具体的に」が大切ですが、異なる点もあります。次に挙げる2つの例は、ともに、古本屋のアルバイトを希望している人の自己アピール例です。【悪い例】と【よい例】を比較してください。よい点、悪い点は、それぞれどこでしょうか。

【自己アピール：悪い例】

　私は「演劇命」な19才です。演劇はこの世の中で一番！　最高の芸術であり娯楽です。演劇が嫌いだという人は信じられない！　口も聞きたくないくらいです。筋トレを愛しているようないかにも体育会系とは、何を話してよいのか分からないです。なんか、世界が違うって感じですね。

【自己アピール：よい例】

　私の長所は、目標を達成するために様々な工夫をして最後まであきらめない

点です。演劇に興味があった私は、高校1年の時に、仲間と演劇をやりたかったため、演劇部を立ち上げたのですが、2年になって新入部員を集めようとしてもなかなか集まらず、いきなり部存続の危機に陥りました。そこで、部を紹介するDVDやパンフレットを作って勧誘を続けたところ、それらの作成物が大変好評を博し、粘り強く勧誘を続けた結果、最終的には30人を超える部員を集めることができました。貴店で働くことができたら、本を紹介するポップやチラシなどを作成し、お客様と本とを結ぶお手伝いをしたいと思います。

　自己アピールは、自己紹介のように、単に自分の特徴や興味をもっていることをアピールするためにあるのではありません。あくまでも、その職場が必要とする能力があるかどうかを伝えるためのものです。ですから、相手がどういう職場でどういう人材を求めているかをよく理解した上で、自分がいかにふさわしい人材かを分かりやすく説明しなければいけません。【悪い例】【よい例】は、ともに演劇に関する話題があがっていますが、【悪い例】は、単に演劇が好きだということを述べるだけで、それがどのような能力に繋がっているのかが分かりません。また、演劇が嫌いな人などに対する否定的な発言は、多様な価値観を認めない人物といったマイナスの印象を与えてしまいます。さらに、少し砕けすぎた口調も気になります。

　それに対し、【よい例】では、最初に「自分はどのような長所があるのか」という結論を簡潔に述べ、それを示す具体的なエピソードを入れることで、説得力のある内容になっています。どのような仕事で貢献できそうかについても、エピソードと絡めながらアピールできていますね。

　自己アピールでは、希望する職場のことを十分に分析した上で、「自分がそこで仕事をしていく上でアピールできる能力は何か」という視点で、これまでの自分の経験や周囲の人の評価などをもとに、自分をアピールするための素材をたくさん集めることが大切です。そして、その素材から、自分が最もアピールできる能力を考え、それを示す具体的なエピソードをもとに、分かりやすい説明を心がけましょう。

面接のポイント①

- [ ] 希望する職場についての分析を十分に行う
- [ ] 自分をアピールするための素材をたくさん集める
- [ ] アピールできる能力を具体的なエピソードで説明する

それでは、【課題1】の1-1、1-2をしてみましょう。　　　▷ 51ページへ

【課題1】
1-1　第16章で作成した自己紹介書の「自己アピール」に書いた内容について、次のリストに沿って具体的に整理してください。
1-2　1-1の内容をもとに、1分間の自己アピール原稿（300字程度）を作成してください。

志望動機についても同様に、1分程度の原稿を作成しておくとよいでしょう。

🔊 質問を予想して答える内容を準備しよう

　面接では、さまざまなことを質問されますが、その場ですぐに的確なことを答えられるかどうかが成功のかぎになります。ですから、「相手がどう考えるか」という視点で質問を予想して答える内容を準備しておくことが大切です。第16章で挙げた「自己紹介」部分を例に考えてみましょう。例えば、「志望動機」には「本と読者を大切にする」と書いてありますが、この内容を見た面接官は、「『本と読者を大切にする』というのは具体的にどんなことだろうか」と思うかもしれません。そのことを聞かれたときには、

> 　はい、古本屋にはポップがあまりありませんが、貴店は従業員の方が手書きでポップを作っていらっしゃいます。それを読むと、本が本当に好きで、心からその本を紹介しているのだということが伝わってきます。また、特設コーナーもよく設置してくださり、探している本だけでなく、関連する本まで知ることができるので、読者にとってありがたい工夫だと思います。これらのことから、「本と読者を大切にしているお店」だと考えました。

というような答えを考えておけば、慌てずに答えることができますね。
　また、答えは「全体→部分」（第7章参照）の順に話すと分かりやすくなります。例えば、アルバイトの経験を聞かれたときに「はい、ファミリーレストランでの経験が2回あります。1回目は〜」のように答えるとよいですね。
　それでは、【課題2】の2-1に進んでください。　　　▷ 52ページへ

🔊 質問者とのコミュニケーションを大切に

　準備を入念に行ったら、次は面接での話し方です。面接では、答える内容はもちろん、話し方や表情、しぐさなどから、総合的に判断されます。「内容さえよければよい」ではなく、「話し方も含めた全体像も重要」なのです。例えば、上に挙げた答えを次のように話したらどうでしょうか。

> えーとー、本のとこに書いてある紹介文？ あれ読むとー、えーとー、ほんとに本が好きなんだなーって、それにー、読みたいなって思います。えっとー、それからー、特設コーナー？ えー、あれもー、あ、こんな本もあるんだーって、うれしいです。

答えの内容はほぼ同じですが、印象がずいぶん違いますね。「えーとー」や語尾のばし、語尾上げの多い話し方では、よい印象を与えることができませんから、注意が必要です。ただし、原稿の丸暗記でも伝わりません。自然な話し方を心がけることが大切です。具体的には、次のような点に注意しましょう。

《面接のときのチェック項目》

- ☐ 服装、髪型、化粧などは、年長の人が見てふさわしいと感じるものに
- ☐ 履歴書などの提出書類のコピー、筆記用具、面接場所までの地図、相手の連絡先控えなどを準備する
- ☐ 10分前には会場に到着する。遅れそうな場合は連絡を
- ☐ 到着したら、受付で氏名と面接に来たことを伝える
- ☐ 入室と退室のときにはあいさつを忘れずに
- ☐ 座り方も姿勢よく落ち着いた印象に
- ☐ 面接官とアイコンタクト（目を合わせる）を
- ☐ 表情を明るく豊かに（ただし大げさすぎず）
- ☐ 話すときには、聞きとりやすい大きさ・速さではっきりと
- ☐ 「えっと」「うーん」や語尾のばし、語尾上げ控える
- ☐ 言葉遣いは丁寧に（第3章参照）
- ☐ 原稿の暗唱ではなく、自分の言葉で自然な話し方を
- ☐ 質問をよく聞き、質問に合った答えを
- ☐ 答え方は「全体→部分」（第7章参照）

面接のポイント②

- ☐ 「面接官がどう考えるか」という視点で質問を予想して答えを考えておく
- ☐ 話し方も含めた全体像も重要。質問者とのコミュニケーションを大切に

それでは【課題2】の2-2、2-3に進んでください。一人で読んでいる方は、家族か友達に面接官をお願いして取り組んでみましょう。　▷ 52ページへ

18 小論文の書き方
予め型を決めておこう

　就職活動・資格試験などでは、「出された課題にあわせて、指定された時間内に指定字数で文章を書く」という小論文課題がよく出されますが、その際時間の制約からうまく書けない、ということが往々にしてあります。この章では、自分の考えを短い制限時間内にまとめて最後まで書ききるための練習をします。

📢 予め構成を決めておく

　短い制限時間では、執筆が始まってから構成を考えるのでは（よほど運がよくないと）間に合いません。先に構成の型を決めておくのが有効です。おすすめしたいのは、「①主張」→「②根拠」→「③あり得る反対意見」→「④反対意見への反論・対応」→「⑤主張の繰り返し」という構成です。限られた時間と分量では、これぐらい単純でないと時間内に最後まで書ききることは難しいのです。

　具体的には、例えば「省エネルギーのために深夜放送を削減・廃止することについて」というテーマであれば、

① 主張　安易に削減・廃止すべきでない。
② 根拠　(1) テレビやラジオの番組は文化財であり、簡単に減らすべきでない。
　　　　(2) 深夜放送は新人発掘や先端的な番組の実験場としての価値がある。
③ あり得る反対意見
　a　深夜番組の中には放送することに意味を見いだせないようなくだらない番組も多い。
　b　深夜番組を見ると不規則な生活・体調不良を招きやすい。
④ 反対意見への反論・対応
　a　（③aに対し）多くの人からくだらないと判断された番組は比較的短期間で自然になくなっていく。
　b　（③bに対し）録画して別の時間に見るという対処も可能である。
⑤ 主張の繰り返し　だからやはり、（安易に）深夜放送を削減・廃止すべきではない。

などのように構成されるわけですね。

　この型を採用する場合、考える順序は、まず①の「主張」と②の「根拠」が最小単位で、これを先に考えます。ここで【課題1】のテーマについて、1–1の、主張と根拠を考えてください。

▷ 53ページへ

【課題1】1-1

「『小学生に携帯電話を持たせてもよいか』というテーマについて、40分600字以内で意見を述べなさい」という課題が出されたとします。自分の基本的な主張を決め、その根拠を決めてください。

「自分の正確な気持ちとしては100％こうだということではなく、どちらかといえばこうだ、とかそんな気分だ」としても、時間も量も短い作文ですから、微妙な部分は諦めて決めてしまわないといけません。今度は【課題1】の1-2をして残りの部分も合わせて完成させてください。　　　　　　　　▷ 53ページへ

🔊 それぞれの構成要素の数

また、それぞれの構成要素の数については、(もちろん字数の条件に余裕があれば別ですが) 極力、「主張は1つ、根拠・あり得る反対意見もそれぞれ2つ以内」ということを心がけてください。それぐらい絞らないと、制限時間内に最後まで書ききれないことが多いのです。

💡 短時間で小論文を書くためのポイント

- ☐ 可能な限り、先に、「①主張」→「②根拠」→「③あり得る反対意見」→「④反対意見への反論・対応」→「⑤主張の繰り返し」という形で構成を決めてしまい、そこに当てはめる形で内容を考える
- ☐ 「主張は1つ」「根拠・あり得る反対意見もそれぞれ2つ以内」を心がける

これで構成要素は揃いました。これに、つなぎの文章や、(②・③・④についての) 具体例・補足の文章を挿入し、字数を調整して完成させます。【課題2】に取り組んで小論文を完成させてください。　　　　　　　　　　　▷ 54ページへ

短い制限時間の場合、これらができることのほぼ全てと言ってよいと思います。このテーマ以外で小論文を書いてみたい場合は、自分で自由に考えるか、トレーニングシート54ページ末尾にある【参考】小論文テーマ例から選んで、同じ作業をしてみることもできます。

19 エッセイ・ブログ
趣味的な文章の書き方を学ぼう

　大学生になると生活の自由度や幅が広がります。冊子・広報誌などに短い文章を書くよう頼まれる人も出てきますし、ブログを書く人も増えてきます。この章ではエッセイなど、狭義の実用ではない、趣味的な文章を書く練習をします。

🔊 エッセイ苦手克服の3つのヒント

　この章で学ぶ文章は、実務情報の正確な伝達を目的としないという意味で、狭義の実用文ではありません。苦手な人にとっては、この、伝えるべき情報がはっきりしないということ自体が書くことを難しくしている一因だったりします。高校までの作文でも、あの人はなぜすいすい書けてしまうのだろう、と思ったりしますよね。この章は、そんなエッセイタイプの文章（や話）が苦手な人のための工夫を学ぶ章です。まず、【課題1】をしてみましょう。　　　▷ 55ページへ

【課題1】
　以下の文章A・Bはいずれも「『子ども時代の思い出』という題名で、300字程度のエッセイを書いてください」という依頼のもとに書かれた大学生の文章です。両方を読んで、「どちらがよいエッセイだと感じたか」「それはなぜか」を考えてください。

　いかがですか？　ほとんどの人が、Bのほうがよい、と感じたのではないでしょうか。なぜ多くの人が、Bの文章のほうがよいと感じるのか、そこにエッセイの苦手を克服するヒントがあります。

　本章がおすすめするエッセイのヒントは主に3点です。それは「1つのまとまったエピソード」「具体的に（絵が浮かぶように）」「オチをつけて書く」というものです。Aの文章にはなくBの文章にはあるのが、この3つ。この3つが、BをAより面白い（よい）エッセイと感じさせてくれているのです。

　Bの文章にはまず、まとまりのよい1つのエピソード（「豆腐屋に買い物に行っていた」→「そのことに関連して学校で笑われた」）があります。Aの文章は話題が多すぎてまとまったエピソードが語られていません。仕事でも研究でもない文章の場合、すっと頭や心に入ってくるのは変化する思考過程ではなく、まとまっ

たエピソードであることが多いです。また、Bの文章には、絵の浮かぶ具体的な記述が多いのです。「赤い屋根の家」とか「柴犬とちょっと遊ぶ」とか。店のおばちゃんのことでも「ほめてくれて」と書いてあるより「『えらいねー』と言ってくれて」と書いてある方が具体的ですよね。そして最後、Bの話には「いいお手伝いをしていたのに、お母さんがウソをついていたせいで学校で笑われる」というオチがついています。多くの人間はオチがないよりは、オチのある話を好む傾向にあります。

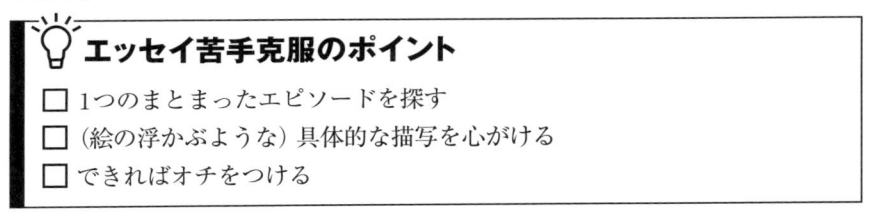

> **エッセイ苦手克服のポイント**
> ☐ 1つのまとまったエピソードを探す
> ☐ (絵の浮かぶような) 具体的な描写を心がける
> ☐ できればオチをつける

具体的な手順としては「できればオチのある、まとまったエピソードを探す」→「書く際に、できるだけ具体的な記述を入れる」という順に考えていくのが作業しやすいと思います。以上をふまえて、【課題2】2-1、2-2をしてみましょう。

　　　　　　　　　　　　　　　　　　　　　　　　▷ 56ページへ

🔊 ブログを書くなら

エッセイのような趣味的文章を書くのが好きになってきたら、これをweb上で公開するような、ブログを書いてみるのもよいかもしれません(既に書いている人もいるでしょう)。この本ではブログに関する広範な話題に触れるスペースはありませんが、文章の内容だけに絞って注意すべきことは一点、「個人情報・知的所有権などを慎重に扱うこと」に尽きます[1]。初めてブログをしてみようかという人は、まずはweb上にあるいろいろなブログをたくさん見てみるのが一番です(例えば猫が好きな人は、検索サイトで「猫」「ブログ」で検索をかければ、莫大な猫関連のブログが出てきます)。自分で書き始める前に、実際にブログの世界で何が起こっているかが、よいこと悪いこと両方、よく分かります。

---

[1]　知的所有権等については、以下の文献が参考になります。
　　前岨博ほか著『そのブログ!「法律違反」です!』ソフトバンククリエイティブ
　　また、以下の文化庁HP内にある「著作権」ページの記載も参考になります。
　　http://www.bunka.go.jp/chosakuken/index.html

基礎ドリル ―解説―

※基礎ドリルの解答例は三省堂HPをご覧ください[*1]。

[1] 敬語の語形　　　　　　　　　　　　　　　▷ 8ページ

　敬語の語形については、まずは文化庁HPにある、『敬語の指針[*2]』中の語形をマスターするのがよいと思います。
　さらに詳しい、上級向けの文献としては、『敬語』（菊地康人著、角川書店）などがあります。

[2] 仮名遣い・漢字と送り仮名　　　　　　　　▷ 12ページ

　仮名遣いや漢字・送り仮名については、多くの場合、
・常用漢字表（内閣告示第1号、昭和56年10月1日）
・現代仮名遣い（内閣告示第1号、昭和61年7月1日）
・送り仮名の付け方（内閣告示第2号、昭和48年6月18日）
が使い方の目安とされています。また、就職試験などでも、基本的にはこれらによって出題されています。これらは、文化庁ＨＰ「国語施策情報システム[*3]」で見ることができます。また、『大辞林』などの辞書にも付録として掲載されていることが多いので、それらで確認してもよいでしょう。なお、シートの漢字の出題については、日本漢字能力検定協会が行う漢字検定2級・3級程度を目安として出題していますので、参考にしてください。

[3] 慶事の基礎知識　　　　　　　　　　　　　▷ 18ページ

　披露宴や様々な会への出欠の葉書には、書き方のきまりがあります。招待してくださった方に対して失礼にならないように、きまりを守って書くよう気をつけましょう。
　また、人生の慶事を表す語として、年齢の節目を表す語や長寿を表す語があります。これらは、『論語』に由来するものなど、それぞれに由来がありますので、由来を調べてみるとよいでしょう（調べ方については第8章参照）。

[4] 話し言葉と書き言葉の違い　　　▷ 28ページ

　小論文やレポート、論文などを書くときには、「だけど」「なんか」などのような話し言葉的な表現にならないよう気をつけましょう。話し言葉的な表現の全てにではありませんが、辞書に「くだけた言葉」「俗語的表現」などと注記の付されている場合もありますから、辞書は1つの目安になるでしょう。

[5] 慣用句・ことわざ・四字熟語　　　▷ 36ページ

　慣用句・ことわざ・四字熟語については、日本語文章能力検定協会[4]の文章能力検定、日本語検定委員会[5]の日本語検定、日本漢字能力検定協会[6]の漢字検定などにおける問題の一部として出題されています。漢字の書きとりと異なり、ことわざ・慣用句の難易度は測りにくいとされていますが、上記検定の、過去に出題された問題・模擬試験問題の級が1つの目安になります。

[6] 二義的な文章・悪文訂正　　　▷ 40ページ

　文章を書くときには、読み手が分かりやすい文章を心がけることが大切です。どのような意味なのか分かりにくい文章や、複数の意味に解釈されてしまうような文章は避けなければなりません。具体的には、
・修飾関係が曖昧になっていないか
・連体修飾が長すぎて分かりにくくなっていないか
・一文が長すぎて分かりにくくなっていないか
・冗長な表現になっていないか
・文のねじれが起きていないか
などの点に注意して文章を書くように心がけましょう。

[7] 記号の使い方　　　▷ 44ページ

　記号の使い方については、
・くぎり符号の使ひ方〔句読法〕（案）（昭和21年3月、文部省教科書局調査課国語調査室作成）
・くりかへし符号の使ひ方〔をどり字法〕（案）（昭和21年3月、文部省教科書局調査課国語調査室作成）
に基づく使い方が目安とされており、シートにおいてもこれらに従って出題しています。これらは、文化庁ＨＰ「国語施策情報システム」で見ることができます。また、『すぐに役立つ　日本語活用ブック』（三省堂）などにも分かりやすくまとめられていますので、参考にしてください。

[8] 原稿用紙・校正記号　　　　　　　　　　48ページ

　文章を書いたときには、必ず校正を行いましょう。誤字脱字などがあると、いくら内容が充実していても、読み手にマイナスの印象を与えてしまいます。

　校正を行うときには定められた校正記号を使います。校正記号を使うことによって、どの箇所をどのように校正したのかが分かりやすく便利です。校正記号は中学校や高等学校の国語の教科書・便覧等にも出ています。詳しくは、『標準校正必携　第七版』(日本エディタースクール)などの本にもまとめられていますので、参考にしてください。

---

*1　http://www.sanseido.co.jp/
*2　『敬語の指針』は文化庁HP (http://www.bunka.go.jp/) 内にあります。
　　　また、国立国語研究所編『私たちと敬語』(新「ことば」シリーズ21, ぎょうせい) には、『敬語の指針』についての解説が掲載されています。
*3　http://www.bunka.go.jp/kokugo/
*4　http://www.kentei.co.jp/bunken/index.html
*5　http://www.nihongokentei.jp/
*6　http://www.kanken.or.jp/index.html

参考文献

　日本語表現関係の本は数多く出版されていますが、ここでは、本書を執筆するにあたって参考にしたものを中心に示します。

朝尾幸次郎他	2005	『広げる知の世界―大学でのまなびのレッスン』(ひつじ書房)
伊藤民雄・実践女子大学図書館	2007	『インターネットで文献探索』(日本図書館協会)
沖森卓也・半沢幹一	2007	『日本語表現法　＜付＞ワークブック　改訂版』(三省堂)
学習技術研究会	2006	『知へのステップ 改訂版―大学生からのスタディ・スキルズ―』 (くろしお出版)
菊地康人	1994	『敬語』(角川書店)
木村治美エッセイストグループ	1999	『文検ステップアップエッセイ』(日本語文章能力検定協会)
酒井邦秀	2002	『快読100万語！ ペーパーバックへの道』(筑摩書房)
酒井隆	2001	『アンケート調査の進め方』(日本経済新聞社)
三省堂編修所	1996	『四字熟語便覧』(三省堂)
三省堂編修所	1997	『故事ことわざ・慣用句辞典』(三省堂)
三省堂編修所	2007	『すぐに役立つ 日本語活用ブック』(三省堂)
就職総合研究所	2007	『履歴書 エントリーシート 志望動機 自己PRの書き方』(サンマーク出版)
田中共子	2003	『よくわかる学びの技法』(ミネルヴァ書房)
ダレル・ハフ	1968	『統計でウソをつく法』(高木秀玄訳、講談社)
津田久資・下川美奈	2007	『ロジカル面接術 2009年基本編』(ワック)
中川越	2005	『こまったときの手紙・はがき・文書の書き方』(ナツメ社)
中澤務・森貴史・本村康哲	2007	『知のナヴィゲーター』(くろしお出版)
永瀬治郎	2006	「若者ことば全国分布図―二〇〇五年調査の意味するところ―」 (『言語』35-3、大修館)
日本エディタースクール	1995	『標準 校正必携 第七版』(日本エディタースクール出版部)
野田春美	2000	「「ぜんぜん」と肯定形の共起」(『計量国語学』22-5、計量国語学会)
野田尚史・森口稔	2003	『日本語を書くトレーニング』(ひつじ書房)
野田尚史・森口稔	2004	『日本語を話すトレーニング』(ひつじ書房)
樋口裕一	2002	『試験に合格する小論文の書き方　たったこれだけの速効ポイント』 (青春出版社)
藤沢晃治	2007	『頭のいい段取りの技術』(日本実業出版社)
藤田哲也	2006	『大学基礎講座　改増版―充実した大学生活をおくるために―』 (北大路書房)
前岨博他	2008	『そのブログ！「法律違反」です　知らなかったではすまない知的財産権のルール』(ソフトバンククリエイティブ)
三森ゆりか	2005	「言語技術教育における作文技術教育―つくば言語技術教育研究所の活動から―」(『日本語教育年鑑　2005年版』くろしお出版)
森山卓郎	2003	『コミュニケーション力をみがく―日本語表現の戦略―』(日本放送出版協会)
ロバート・R・H・アンホルト	2008	『理系のための口頭発表術　聴衆を魅了する20の原則』 (鈴木炎／イイイン・サンディ・リー訳、講談社)

編著者紹介

橋本　修　（はしもと　おさむ）
筑波大学　人文社会系 教授
分担：3章、4章、6章、10章、18章、19章、基礎ドリルの1・5

安部朋世　（あべ　ともよ）
千葉大学　教育学部 教授
分担：2章、5章、12章、16章、17章、基礎ドリルの2・3・4・6・7・8

福嶋健伸　（ふくしま　たけのぶ）
実践女子大学　文学部 教授
分担：1章、7章、8章、9章、11章、13章、14章、15章

企　　画：橋本　修　　全体の構成：福嶋健伸
編集協力：㈱翔文社

大学生のための日本語表現トレーニング　スキルアップ編

2008年9月10日第1刷発行　編著者：橋本　修、安部朋世、福嶋健伸
2025年3月10日第15刷発行　発行者：株式会社三省堂　代表者　瀧本多加志
　　　　　　　　　　　　　印刷者：三省堂印刷株式会社
　　　　　　　　　　　　　発行所：株式会社三省堂
　　　　　　　　　　　　　　〒102-8371
　　　　　　　　　　　　　　東京都千代田区麴町五丁目7番地2
　　　　　　　　　　　　　　電話　（03）3230-9411
　　　　　　　　　　　　　　https://www.sanseido.co.jp/

落丁本・乱丁本はお取り替えいたします。

©2008 Sanseido Co.,Ltd.
Printed in Japan
ISBN978-4-385-36325-7

〈日本語トレーニング　スキル編・80 + 56pp.〉

本書を無断で複写複製することは、著作権法上の例外を除き、禁じられています。また、本書を請負業者等の第三者に依頼してスキャン等によってデジタル化することは、たとえ個人や家庭内での利用であっても一切認められておりません。

所属 _____ _____ 年 _____ 月 _____ 日
番号 _____ 氏名 _____

| スキルアップ編　第1章 | > | 自己紹介 |

1
Japanese Expressions

【課題1】1-1

大学の同じ学科（あるいは同じ専攻・コース）の同輩に、1～2分程度で、自己紹介をするとしたら、あなたはどんなことを話しますか。自己紹介の台本を書くような感じで書いてみてください。

（参考例）名前は、吉田太郎といいます。出身は、青森県です。趣味は……

_____
_____
_____
_____
_____

終わったら 📖 4ページへ

【課題1】1-2

1-1で書いた内容がいくつの話題で構成されているかを考え（好きな食べ物・スポーツについて述べていれば、2つの話題で構成されていると考える）、聞いた人が話しかけたくなるように、それぞれの話題をより具体的に書いてください。イメージがつかみにくい人は、（参考例）を見てください。1～2分程度の自己紹介であることを考えると、話題は2つくらいがいいでしょう。

（参考例）話題（　　音　楽　　）
　　　　　より具体的に述べると→バンドが好きで、高校の時からベースをやっている。今、一緒にバンドをやる仲間を募集中で、特に、ボーカルが必要。カラオケの上手な人がいたら、知り合いになりたい。

話題1　（　　　　　　　　　）
より具体的に述べると→
_____
_____
_____

話題2　（　　　　　　　　　）
より具体的に述べると→
_____
_____
_____

次ページへ続く

所属 ＿＿＿＿＿＿＿＿＿＿＿＿　　　　　　　　　　　　　＿＿＿年＿＿＿月＿＿＿日

番号 ＿＿＿＿＿＿＿　氏名 ＿＿＿＿＿＿＿＿＿＿＿＿

1

Japanese Expressions

| スキルアップ編　第1章 | 自己紹介 |

【課題1】 1-3

1-2で書いたことをふまえ、自己紹介の内容をもう一度書いてください。条件は1-1と同じです。書けたら最初の自己紹介と比べてみましょう。

終わったら 📖 6ページへ

【課題2】

まず、パートナーの1-3の部分を読んでください（読み終わったら相手に返してください）。次に、パートナーに質問したいことや教えてもらいたいことなどを、下の欄に2つから3つほど書いてください。最後に、書いたことをもとに、実際にパートナーに質問してみましょう。一人で読んでいる人は、吉田君（あるいは佐藤君）の自己紹介を参考にして、吉田君（あるいは佐藤君）に質問するつもりで取り組んでください。

所属 ＿＿＿＿＿＿＿＿＿＿＿＿＿＿＿＿＿＿＿＿＿＿＿＿＿＿＿＿＿＿　＿＿年＿＿月＿＿日
番号 ＿＿＿＿＿＿＿＿＿＿　氏名 ＿＿＿＿＿＿＿＿＿＿＿＿＿＿

スキルアップ編　第2章　｜　大学でのノートのとり方

2 Japanese Expressions

【課題1】　自分のノートのとり方について、分析してください。

日付を書いているか	書いている　・　書いていない
教員の話す内容を書きとっているか	書いている　・　書いていない（板書だけ）
授業のポイントが分かりやすく書かれているか	とても分かりやすい　・　まあまあ　・　分かりにくい
分からなかった点を解決しているか	解決している　・　解決していない
どのように解決したか（具体的に記入）	

復習をしているか	している　・　していない
復習で書き込んだ内容は何か（具体的に記入）	

ノートを見て授業内容をだいたい再現できるか	だいたいできる　・　半分くらいは　・　ほとんどできない
その他気づいた点（具体的に記入）	

終わったら 📖 8ページへ

所属 _____ ___年___月___日

番号 _____ 氏名 _____

| スキルアップ編　第2章 | 大学でのノートのとり方 |

【課題2】2-1

テキスト11ページにある《ノート例1》と《ノート例2》は、いずれもこの章の内容をノートにまとめたものです。それぞれについて、どういう点がよいのか、またどういう点を改善すべきなのか、挙げてください。また、それをふまえて、どちらの方がよいノートと言えるか、考えてみましょう。

《ノート例1》

《ノート例2》

終わったら　11ページへ

【課題2】2-2

今までの課題をふまえて、もう一度自分のノートを振り返り、どのような点に気をつければさらによいノートになるか、これから工夫してみたいことなどをまとめてください。

所属 _____　____年____月____日

番号 _____　氏名 _____

| スキルアップ編　第3章 | 敬語の基礎 |

3
Japanese Expressions

【課題1】1-1

（例）を参考に、下線部を尊敬語を使った形にして、以下の文を書き直してください。

（例）「校長先生は今日はどちらで昼ご飯を食べますか？」
→　「校長先生は今日はどちらで（お）昼ご飯を召し上がりますか？」

① 「昨日の会議には出席しましたか？」

→

② 「その映画を見たのはいつごろですか？」

→

【課題1】1-2

（例）を参考に、下線部を謙譲語を使った形にして、以下の文を書き直してください。

（例）「昨日先生の作品を見ました。」
→　「昨日先生の作品を拝見しました。」

① 「私がバス停まで案内します。」

→

② 「借りていた傘は明日返します。」

→

終わったら 📖 12ページへ

【課題2】2-1

（例）にならって、左端欄の動詞を、各種の尊敬語形（一般形）に直してください（直せない・直した形が適切でない場合は、×を記入してください）。

	「お／ご～になる」形	「（お／ご）～なさる」形	「～れる・られる」形
（例）帰る	お帰りになる	×（「（お）帰りなさる」は共通語としては若干不自然）	帰られる
選ぶ			
出席する			
運転する			
キャンセルする			

次ページへ続く

所属 ＿＿＿＿＿＿＿＿＿＿＿＿＿＿＿＿＿＿＿＿＿＿　＿＿年＿＿月＿＿日

番号 ＿＿＿＿＿＿＿　氏名 ＿＿＿＿＿＿＿＿＿＿＿＿

スキルアップ編　第3章　敬語の基礎

【課題2】2-2

（例）にならって、以下の動詞の尊敬語形（特定形）を記入してください。

（例）　行く・来る・いる　→　いらっしゃる

言う　→ ＿＿＿＿＿＿＿＿＿　　　食べる(飲む)　→ ＿＿＿＿＿＿＿＿＿

する　→ ＿＿＿＿＿＿＿＿＿　　　くれる　→ ＿＿＿＿＿＿＿＿＿

着る　→ ＿＿＿＿＿＿＿＿＿　　　見る　→ ＿＿＿＿＿＿＿＿＿

【課題2】2-3

（例）にならって、左端欄の動詞を、各種の謙譲語形（一般形）に直してください（直せない・直した形が適切でない場合は、×を記入してください）。

	「お／ご〜申し上げる」形	「お／ご〜する」「(お／ご)〜いたす」形
（例）待つ	お待ち申し上げる	お待ちする、お待ちいたす（お待ちいたします） （具体的な場面では、「〜いたす」はほぼ常に「ます」を伴った「〜いたします」という形で現れる）
招く		
案内する		
運転する		
キャンセルする		

【課題2】2-4

（例）にならって、以下の動詞の謙譲語形（特定形）を記入してください。

（例）　尋ねる・訪ねる・聞く　→　うかがう

言う　　　　　　　→ ＿＿＿＿＿＿＿　　知っている　→ ＿＿＿＿＿＿＿

（物などを人に）あげる　→ ＿＿＿＿＿＿＿　　もらう　　　→ ＿＿＿＿＿＿＿

会う　　　　　　　→ ＿＿＿＿＿＿＿　　見る　　　　→ ＿＿＿＿＿＿＿

終わったら 📖 14ページへ

| 所属 _____ | ___年 ___月 ___日 |
| 番号 _____ 氏名 _____ | |

スキルアップ編　第3章　敬語の基礎

【課題3】　以下の文の敬語の誤りについて、どの部分がどのように誤っているかを指摘し、正しい形に直してください。

① 「校長先生が安藤君の結婚式にご出席しました。」

　　誤りの指摘（どの部分がどのように誤っているか）
　　_____
　　_____

　　正しい形
　　_____

② 「お客様は万年筆をお使いになられますか？」

　　誤りの指摘（どの部分がどのように誤っているか）
　　_____
　　_____

　　正しい形
　　_____

③ 「私のご両親は元気です。」

　　誤りの指摘（どの部分がどのように誤っているか）
　　_____
　　_____

　　正しい形
　　_____

終わったら　📖 14ページへ

【課題4】　言葉遣いの総合的・全体的な「感じのよさ／悪さ」には、この章でここまで触れた要素以外にも、様々な要素が関係しています。（例）なども参考に、あなたの経験から、「話し方の感じのよさ」に（プラスあるいはマイナスに）関与すると思われることがら（複数でも可）を挙げてコメントしてください。

（例）知り合いに、ほとんど相手の顔を見ないで話す人がいる。ずっと相手の顔を見る必要はないが、「話すときに全然相手の顔を見ない」というのは、話し方の感じのよさを損なう要素になると思う。

_____
_____
_____
_____
_____
_____

所属＿＿＿＿＿＿＿＿＿＿＿＿＿＿＿＿＿＿＿＿＿＿＿＿＿＿＿＿　＿＿年＿＿月＿＿日

番号＿＿＿＿＿＿＿＿＿　氏名＿＿＿＿＿＿＿＿＿＿＿＿＿＿

基礎ドリル［1］　敬語の語形

A　　［例］にならって、下線部の表現を、尊敬語を使った形に直してください。

［例］お二人は税金の問題に大変<u>詳しい</u>。　　→　　お詳しい／詳しくていらっしゃる

［1］あの先生は手がけている領域が<u>幅広い</u>。　→　＿＿＿＿＿＿＿＿＿＿＿＿＿＿＿＿

［2］先生は猫を<u>飼っている</u>んですね？　　　　→　＿＿＿＿＿＿＿＿＿＿＿＿＿＿＿＿

［3］書類を<u>確認してくれますか</u>？　　　　　　→　＿＿＿＿＿＿＿＿＿＿＿＿＿＿＿＿

B　　［例］にならって、下線部の表現を、謙譲語を使った形に直してください。

［例］今度コンサートに<u>招待します</u>。　　　　　→　　ご招待（いた）します

［1］私が駅まで<u>迎えに行きます</u>。　　　　　　→　＿＿＿＿＿＿＿＿＿＿＿＿＿＿＿＿

［2］詳細は昨日<u>説明した</u>通りでございます。　→　＿＿＿＿＿＿＿＿＿＿＿＿＿＿＿＿

［3］明日<u>電話してもらえますか</u>？　　　　　　→　＿＿＿＿＿＿＿＿＿＿＿＿＿＿＿＿

C　　以下の文を、「お客様」を尊敬すべき人物であるとみなして、［例］にならって尊敬語・謙譲語・丁寧語などを使い、適切な言葉遣いに直してください。

［例］「（お客様の）荷物を預かろう。引換証を渡すので、帰るときに出してくれれば荷物を返すよ。」
→　お荷物をお預かりいたしましょう（いたします）。引換証をお渡しいたしますので、お帰りの際にお出しいただければ（お荷物を）お返しします。

［1］（お客様に対し）「今日は来てくれてありがとう。これから会場まで私が案内する。気になることがあったら言ってくれ。」
→　＿＿＿
　　＿＿＿

［2］「お客様が探しているカバンはどのようなものか？　特徴を言え。」……「分かった。見つかったら連絡するので、連絡先を言え。電話番号、できれば携帯電話の番号も教えてほしい。」
→　＿＿＿
　　＿＿＿
　　＿＿＿

解説は　76ページ

所属 _____ ____年 ____月 ____日

番号 _____ 氏名 _____

4
Japanese Expressions

| スキルアップ編　第4章 | > | 確実な連絡メモ |

【課題1】1-1

アルバイト先で、先輩の松島さんに貸していた仕事のマニュアルを返してもらう必要が出てきた。2週間後の5月29日（土）までに返してほしい。松島さんとアルバイト先で直接会えるかどうか分からない（電話番号も分からない）ので、事務室の松島さんのロッカーに連絡メモを貼り付けることにした。この場合のメモの文章を書いてみてください。

松島さんへ

_____

_____

_____

_____

_____

_____

_____

_____

終わったら 📖 16ページへ

【課題1】1-2

1-1の設定で、必要な情報（5W1H）をチェックします。下記の空白部分を埋めてチェックリストを完成させてください（これ以外の条件は自由に設定してください）。

いつ	「5月29日（土）までに」
どこで	
誰が	
何を	
なぜ	
どのようにして	

終わったら 📖 17ページへ

9

所属 _____ _____年_____月_____日

番号 _____ 氏名 _____

スキルアップ編　第4章　確実な連絡メモ

4 Japanese Expressions

【課題1】1-3

【課題1】1-1と同じ設定のもと、テキストで学んだことをふまえて、改めて連絡メモを書いてください。

_____

_____

_____

_____

_____

_____

_____

終わったら📖18ページへ

【課題2】

【課題1】1-3で書いた文章に、「（受領確認の）返信のお願い」の文章を付け加えてください（付け加える部分だけでいいです）。

_____

_____

_____

_____

_____

_____

_____

終わったら📖19ページへ

| 所属 | 　年　月　日 |

番号　　　　　氏名

スキルアップ編　第4章　確実な連絡メモ

【課題3】 大学の担任佐藤康文先生の研究室前。奨学金申請書類の中に、面談のうえ佐藤先生の署名捺印が必要なところがあり、今日（今）オフィスアワーなので来てみたが不在だった。アポイントメントをお願いしたい、可能ならeメールで返事をほしい、という趣旨のメモを書いてください（研究室のドアに貼る、という設定で書いてください。また、設定以外の条件については自由に書いてください）。

所属 _____　____年____月____日
番号 _____　氏名 _____

基礎ドリル[2] 仮名遣い・漢字と送り仮名

A 次の語を平仮名で書いてください。

[1] 小包 _____　　[2] お小遣い _____
[3] 著しい _____　　[4] 間近 _____
[5] 頷く _____　　[6] 縮む _____
[7] 通り _____　　[8] 灯台 _____
[9] 若人 _____　　[10] 憤る _____

B 次の下線部の読みを書いてください。

[1] 災害の義捐金を募る。 _____　　[2] 任地に赴く。 _____
[3] 準備を怠らないようにする。 _____　　[4] 礎を築く。 _____
[5] 閲覧室で本を読む。 _____　　[6] 隔世の感がある。 _____
[7] 必携の書。 _____　　[8] 雰囲気のよい店。 _____
[9] 玄関を施錠する。 _____　　[10] 雪崩の被害。 _____
[11] 自分の意見を翻す。 _____　　[12] 彼の実力を目の当たりにした。 _____
[13] 言質をとる。 _____　　[14] 貸し借りを相殺する。 _____
[15] 辞書の凡例を確認する。 _____　　[16] 懸念を抱く。 _____
[17] 風情のある町並みを歩く。 _____　　[18] 株価が為替相場に影響する。 _____
[19] 漸次回復に向かう。 _____　　[20] 安穏に暮らす。 _____

C 次の下線部を漢字で書いてください。送り仮名が必要な場合は送り仮名も書いてください。

[1] 委員をいしょくする。 _____　　[2] 会議にはかる。 _____
[3] よくようをつけて読む。 _____　　[4] 会員のりょうしょうを得る。 _____
[5] 任務をすいこうする。 _____　　[6] 仕事がとどこおる。 _____
[7] まぎらわしい書き方をする。 _____　　[8] きっさてんに行く。 _____
[9] 人権をようごする。 _____　　[10] かくごを決める。 _____
[11] いちまつの不安を感じる。 _____　　[12] ちゅうしんより感謝致します。 _____
[13] 状況をてきかくに判断する。 _____　　[14] じんそくに対応する。 _____
[15] 店がはんじょうする。 _____　　[16] 記念式典をもよおす。 _____
[17] あたたかな気候に暮らす。 _____　　[18] 子どもをいつくしむ。 _____
[19] はなはだ残念なことだ。 _____　　[20] 委員にすいせんする。 _____

解説は 76ページ

所属 _____　　　_____年_____月_____日
番号 _____　氏名 _____

| スキルアップ編　第5章 | メールの書き方 |

5
Japanese Expressions

【課題1】1-1

設定 ： 奨学金の申請のため、長野太郎先生に面談をお願いしたい。今日は月曜日で締切は来週の金曜日となっているが、授業が入っている曜日・時間帯もあるので、期間内で授業の入っていない日時を希望する。
この設定で、教員への依頼のメールを作成してください。※この他の条件は自由に設定してください。

件名 ：

終わったら 📖 20ページへ

【課題1】1-2

1-1と同様の設定で、適切なメールの件名を考えてください。

終わったら 📖 21ページへ

【課題1】1-3

1-1と同様の設定で、メールの冒頭（相手の氏名と自分の名乗り）を書いてください。

終わったら 📖 21ページへ

【課題1】1-4

1-1と同様の設定で、メールの本文を作成してください。

終わったら 📖 22ページへ

所属＿＿＿＿＿＿＿＿＿＿＿＿＿＿＿＿＿＿＿＿＿＿＿＿＿＿＿＿　＿＿年＿＿月＿＿日

番号＿＿＿＿＿＿＿＿＿＿　氏名＿＿＿＿＿＿＿＿＿＿＿＿＿＿

5
Japanese Expressions

| スキルアップ編　第5章 | > メールの書き方 |

【課題1】1-5

これまでの内容をふまえ、「件名」「冒頭（相手の氏名と自分の名乗り）」「本文」「返信の方法と連絡先」に気をつけて、もう一度メールを作成してください。全体のレイアウトも工夫してください。

件名　：

終わったら 📖 23ページへ

【課題2】

設定　：「日本語学特講」のレポートを作成するために、担当教員の山村次郎先生に、内容や体裁の上で参考となる学術雑誌を教えてもらいたい。

この設定で、山村先生へのメールを作成してください。※この他の条件は自由に設定してください。

件名　：

所属 _____　　　____年____月____日
番号 _____　氏名 _____

| スキルアップ編　第6章 | 手紙の書き方 |

【課題1】

設定： 先日行われた小学校のクラス会で恩師の安藤昌子先生に出席してもらったので、幹事として安藤先生にお礼状を書く。手紙は封書で手書きにする。

この設定で手紙の下書きを書いてください。※テキスト後半の内容やサンプルを見ない状態で右に書いてみてください。この他の条件は自由に設定してください。

終わったら 📖 24ページへ

【課題2】 2-1

【課題1】の設定で、(例) のような形で、必要な事項や、文言・内容にはどのようなものがあるか書き出してください (欄は余っても構わない。また、文言が長くて収まらない場合は略記でよい)。

項目	具体的な文言・内容
(例)　頭語	拝啓

終わったら 📖 26ページへ

所属 _____ ___年 ___月 ___日
番号 _____ 氏名 _____

| スキルアップ編　第6章 | 手紙の書き方 |

6
Japanese Expressions

【課題2】 2-2

テキスト27ページまでで確認したことをふまえて、【課題1】で下書きしたものを直し、以下に手紙を清書してください。

終わったら 📖 27ページへ

所属 _____ ____年 ____月 ____日

番号 _____ 氏名 _____

| スキルアップ編　第6章 | 手紙の書き方 |

【課題3】 以下の設定で、インターンシップでお世話になった、職場の人にお礼状を書いてください。
　・手紙を出す相手は、直接仕事を教わった、山田政彦主任。
　・便せんに書いて封書にする。
　職種など、この他の条件は自由に設定してください（また、インターンシップのイメージが湧かず、どうしても書きにくい、という人は、「お世話になった高校の先生に、大学入学後に近況報告を含めたお礼の手紙を書く」という設定で書いてください）。

所属 _____ _____年_____月_____日
番号 _____ 氏名 _____

基礎ドリル [3]　慶事の基礎知識

A　次の葉書は披露宴の出欠を確認する葉書です。「出席」の返事を出す葉書を作成してください。

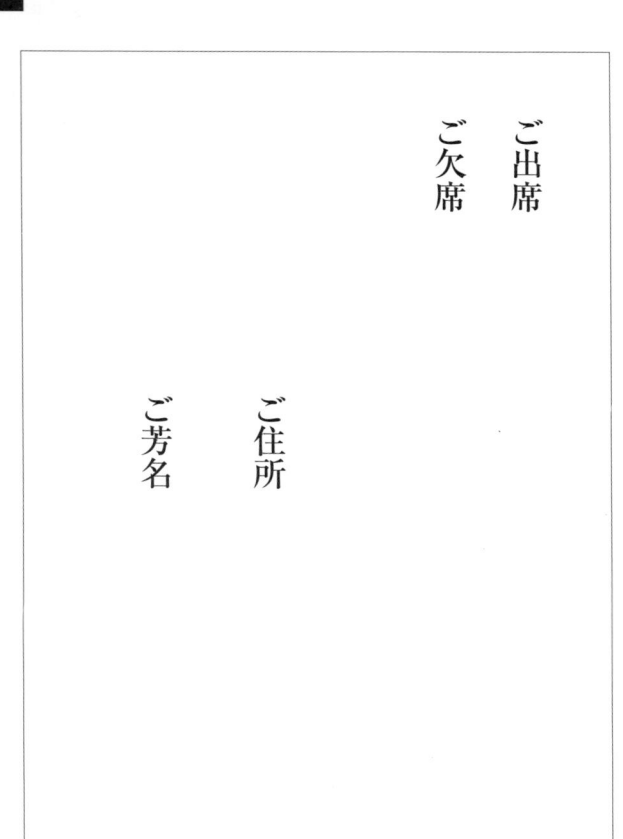

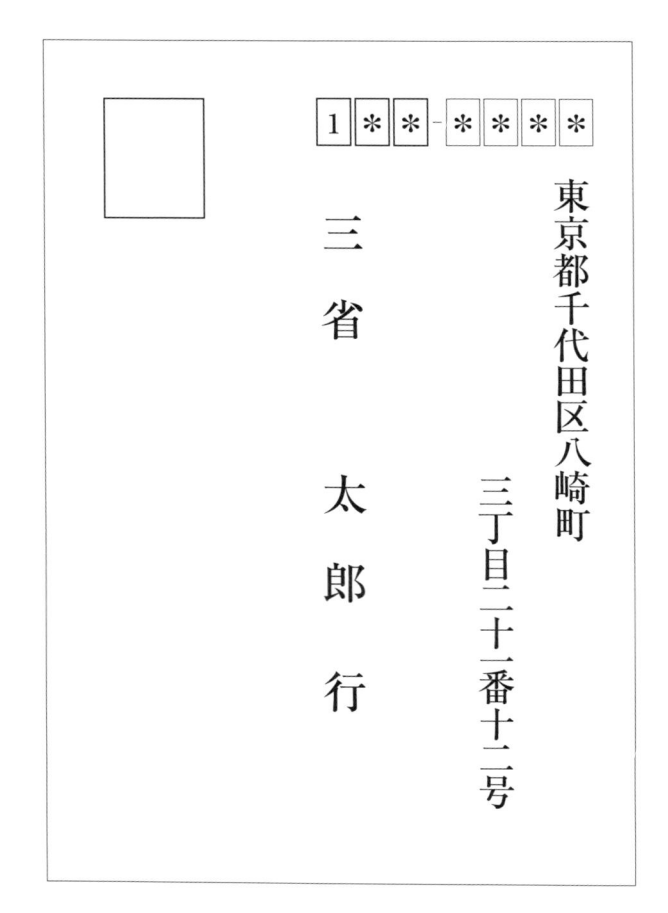

（葉書表面：返信用宛名面）
〒1**-****
東京都千代田区八崎町
三丁目二十一番十二号
三省　太郎　行

（葉書裏面）
ご出席
ご欠席
ご住所
ご芳名

B　次の語は何歳のことを指すでしょうか。該当するもの同士を線で結んでください。※同じ年齢を指す語が複数ある場合があります。

[1]　而立（じりつ）
[2]　耳順（じじゅん）
[3]　還暦
[4]　白寿
[5]　傘寿（さんじゅ）
[6]　米寿
[7]　知命
[8]　卒寿
[9]　喜寿
[10]　古稀
[11]　不惑
[12]　従心

・30歳
・40歳
・50歳
・60歳
・70歳
・77歳
・80歳
・88歳
・90歳
・99歳

解説は76ページ

所属 _____   ___年___月___日
番号 _____ 氏名 _____

| スキルアップ編　第7章 | 説明のコツ |

7
Japanese Expressions

【課題1】1-1

右の図について説明してください。あなたの説明を聞くだけで（右の図を見なくても）図が描けるようなレベルでお願いします。

_____
_____
_____

終わったら 📖 28ページへ

【課題1】1-2

① 1-1の図の全体像を説明してみてください。　② それが終わったら、今度は、その図の中がどのようになっているかを説明してみてください。

① 図の全体像を説明してみよう → _____
_____

② 図の中を説明してみよう → _____
_____

終わったら 📖 30ページへ

【課題1】1-3

1-2で書いた①と②を足して、1-1の図をもう一度説明してみましょう。条件は1-1の時と同じです。

_____
_____
_____
_____

終わったら 📖 30ページへ

【課題2】

下のような図を考え、考えついた図を右の枠の中に描いてください。

次ページへ続く

19

| スキルアップ編　第7章 | 説明のコツ |

7
Japanese Expressions

【課題2】の続き　図を描き終わったら、その図を説明する文章を書いてみてください。

_____
_____
_____
_____

　文章を書き終わったら、二人一組になってお互いにトレーニングシートを交換してください（この時、このシートの裏に描いてある元の図を見てはいけません）。上に書いてある文章を読んで、下の枠に相手の図を想像して描いてみてください。

私の名前は _____ 学籍番号 _____ です。

　　　　　　　元の図は、次のような感じだと思います ───────→

　図を描き終わったらトレーニングシートを戻し、元の図と同じかどうか検討してください。もし、パートナーの描いた図が、元の図と違っていた場合、説明文のどこに問題があったのか、検討してください。

終わったら 📖 31ページへ

【課題3】

友達があなたの家の最寄り駅まで来たのですが、あなたの家までの道順が分からなくて困っています。友達は駅構内におり、まだ改札を出ていないのですが、その友達に携帯電話で自宅までの道順を説明するとしたら、どのように説明しますか。説明文を書き終わったら、パートナーと説明文を交換して、説明文だけで駅から家までたどりつけそうか検討してください。
　　※個人情報保護のため、最寄り駅は仮の名前にしてください。
　　※一人でこのテキストを読んでいる人は、書いた文章を他の人に読んでもらいましょう。

① 自宅までの経路の全体像を説明しよう→_____
_____
_____
_____

② 具体的な道順を説明しよう→_____
_____
_____
_____

スキルアップ編　第8章　大学生の調べ方1

【課題1】

Weblio（URLはテキストの注1）を利用して、①〜⑤について調べ、これらの言葉の意味を自分なりに理解してください。※本来であれば、情報源が重要なのですが、①②③ではそれを書く必要はありません。ただし、④⑤については、どの辞典・図鑑に載っていたかを書いてください。［パソコンがない場合は、携帯電話でモバイルサービス（URLはテキストの注3）を利用して調べてみましょう。］

① 一次資料、二次資料

② 開架式図書館、閉架式図書館

③ 逐次刊行物

④ フェネック

　どの辞典・図鑑に載っていたか

⑤ グリーンファイヤーテトラ

　どの辞典・図鑑に載っていたか

終わったら　33ページへ

【課題2】

「政府統計の総合窓口（URLはテキストの注4）」を利用して、統計年鑑などの統計書にどのようなものがあるか調べてみてください。また、「都道府県・市区町村のすがた ＞ 地域統計概観」を見て、気になる都道府県について、「時系列データ比較」から分かったことを何か1つ書いてみてください。［パソコンがない場合は、携帯電話でモバイルサービス（URLはテキストの注5）を利用して、「日本の主要指標 ＞ 教育・文化・スポーツ・生活」から、大学・短期大学への進学率を調べてみましょう。］

終わったら　33ページへ

所属	_____	___年___月___日
番号	_____ 氏名 _____	

スキルアップ編　第8章 ▷ 大学生の調べ方1

【課題3】

ウィキペディアで、自分の専門分野や興味のある分野の言葉を、1つ調べましょう。調べ終わったら、図書館に行き、百科事典や専門書などを参考にして、ウィキペディアの内容が正しいかどうか、チェックしてみましょう。また、その百科事典や専門書などが何を根拠としているかを、可能であれば調べてみましょう。[パソコンがない人は、携帯電話で、WikiMo（URLはテキストの注2）を利用して調べてみましょう。]

ウィキペディア（あるいはウィキモ）で調べた言葉　（　　　　　　　　　　　　　　　　　）

言葉の意味 → _____

_____

図書館で参考にした百科事典や専門書などの名称

ウィキペディアの内容は正しいか　　　　　正しい　・　正しくない

_____ の部分が違っていた。

図書館で参考にした百科事典や専門書などは何を根拠にしていたか

_____ を根拠としていた。

【課題4】

自分の大学の図書館に行き、①～⑥を調べてみましょう。※以下のスペースに書ききれない場合は、レポート用紙にまとめてください。

① どのような百科事典があるか

② 自分の専門（あるいは興味のある）分野の辞典として、どのようなものがあるか

③ 新聞・雑誌に関するデータとして、どのようなデータがあるか

④ DVDなどの映像・音声資料には、どのようなものがあるか

⑤ 統計に関する書籍には、どのようなものがあるか

⑥ 普通は有料だが、図書館を通すと無料で使えるデータがあるか

所属 _____   ___年 ___月 ___日

番号 _____   氏名 _____

| スキルアップ編　第9章 | 大学生の調べ方2 |

9
Japanese Expressions

【課題1】
「想」とWebcatPlus（URLはテキストの注1と注2）で興味をもっている分野のキーワードを入力し、関連する本を調べてみましょう。

検索したキーワード
_____

検索結果（読みたいと思うもの3冊について書いてみましょう）
① 書籍名 _____　　出版社 _____
② 書籍名 _____　　出版社 _____
③ 書籍名 _____　　出版社 _____

終わったら📖36ページへ

【課題2】
【課題1】で調べた本が、自分の大学の図書館にあるか調べてみましょう。もしなかった場合は、WebcatPlusを使って、近くではどこの図書館が持っているか調べてみましょう。※【課題1】の「想」では、WebcatPlusも同時に検索できるので、その点でも便利です。

【課題1】の①は、自分の大学の図書館にありましたか　　ある　・　ない
　　　どこの図書館にありますか _____　　などにある

【課題1】の②は、自分の大学の図書館にありましたか　　ある　・　ない
　　　どこの図書館にありますか _____　　などにある

【課題1】の③は、自分の大学の図書館にありましたか　　ある　・　ない
　　　どこの図書館にありますか _____　　などにある

終わったら📖38ページへ

【課題3】
CiNii（URLはテキストの注4）で、自分が興味をもっている分野のキーワードを入力し、どんな論文があるのか調べてみましょう（CiNiiでは、2つのキーワードの間に空白を入れるとAND検索ができます）。

検索したキーワード
_____

検索結果：読みたいと思った論文3本について、論題と掲載雑誌名（巻号数）を書いてみましょう。
① 論題 _____　　掲載雑誌名 _____（　　巻　　号）
② 論題 _____　　掲載雑誌名 _____（　　巻　　号）
③ 論題 _____　　掲載雑誌名 _____（　　巻　　号）

終わったら📖38ページへ

所属＿＿＿＿＿＿＿＿＿＿＿＿＿＿＿＿＿＿＿＿＿＿　＿＿＿年＿＿＿月＿＿＿日
番号＿＿＿＿＿＿＿　氏名＿＿＿＿＿＿＿＿＿＿＿＿＿＿

9
Japanese Expressions

| スキルアップ編　第9章 | 大学生の調べ方2 |

【課題4】

【課題3】で調べた論文を掲載している雑誌が、自分の大学の図書館にあるかを調べて、そのうちの1本を実際にコピーしてみましょう。なお、コピーをする際には、著作権に十分注意をしてください。※【課題3】で調べた論文の全てが自分の大学の図書館にない場合、自分の大学の図書館にあるものをCiNiiで探してコピーしてみましょう。

【課題3】の①は、自分の大学の図書館にありましたか　　　ある　・　ない

【課題3】の②は、自分の大学の図書館にありましたか　　　ある　・　ない

【課題3】の③は、自分の大学の図書館にありましたか　　　ある　・　ない

【課題5】

【課題3】で調べた論文のうち、自分の大学の図書館にない論文をチェックし、そのうちの1本を実際に複写依頼で取り寄せてみましょう。以下の「資料調査依頼票」に書き込んでから、図書館のレファレンス・カウンターに依頼をしてみてください。「資料調査依頼票」の内容を埋めておけば、複写依頼をする時に迷わないですむはずです。また、「資料調査依頼票」にあるように「奥付のコピー」を頼むと、後日参考文献一覧を作る時に便利です。※【課題3】で調べた論文の全てが自分の大学の図書館にある場合、自分の大学の図書館にないものをCiNiiで探して取り寄せてみましょう。

自分の大学の図書館にない論文の論題は＿＿＿＿＿＿＿＿＿＿＿＿＿＿＿＿＿＿＿＿＿＿

資料調査依頼票

申込日	年　月　日（　）				
他館蔵書の　複写依頼　□ 　　　　　　借受依頼　□ 　　　　　　閲覧紹介　□ 　　　　　　所蔵調査　□ その他の調査　□	所属	大学院・大学 　　　　学科	学籍番号		氏名
	連絡先	〒 tel :　　　　　　　　e-mail :			
文献名	□雑誌（誌名・巻号・年月日・出版社・頁）　□単行書（書名・著者名・出版社・出版年・頁）　□その他 ISBN／ISSN（　　　　　　　　　　　）　　　　　　　　　　奥付のコピーもお願いします。 上記資料中の論文または記事 　執筆者名 　論　題
事前調査	上記文献の出典　　□雑誌（誌名・巻号・年月日・出版社・頁）　□単行書（書名・著者名・出版社・出版年・頁） 　　　　　　　　　□データベース（データベース名・検索キーワード）　□インターネット（URL）　□その他 本学所蔵確認　　　□大学蔵書検索 所在確認　　　　　□NACSIS-WebCAT　□国立国会図書館WebOPAC　□その他（　　　　　　） 所蔵機関名

所属 _____ ____年____月____日

番号 _____ 氏名 _____

10
Japanese Expressions

| スキルアップ編　第10章 | アンケートのとり方 |

【課題1】1-1

K大学の学生の読書傾向について何らかの観点を設定して調べるために、授業に出席している人たちにアンケートをお願いすることにした。この条件のもと、具体的に調べてみたい点を、(例)にならって列挙してみてください。※「読書」は広義のものとし、マンガやweb上の文章を読むことなども含むこととする。アンケートに回答してもらえる時間は10分程度である。

(例)　○　K大学の学生のうち、新聞を毎日読んでいる人はどれぐらいいるのか。
　　　○　男子学生と女子学生の間で、読書傾向に違いがあるのか。

○ _____

○ _____

○ _____

○ _____

終わったら 📖 41ページへ

【課題1】1-2

1-1の解答(調べてみたい点)から1つを選び、(例)のような形で、選択式の設問を作ってください。

(例)　Q. 現在、あなたは新聞をどれぐらい読んでいますか。以下の中で最も当てはまると思うものに○をつけてください(当てはまるものがない場合、「その他」に記入してください)。

　　　A. 1. 毎日(　)　　2. 週末以外毎日(　)　　3. 週に2〜3日(　)　　4. 週1日程度(　)
　　　　 5. たまに(　)　6. ほとんど読まない(　)　7. 全く読まない(　)
　　　　 8. その他(　　　　　　　　　　　　　　　　)

終わったら 📖 42ページへ

所属 _____ ____年____月____日

番号 _____ 氏名 _____

10
Japanese Expressions

| スキルアップ編　第10章 | アンケートのとり方 |

【課題2】2-1

【課題1】の設定のもと、アンケートをお願いする文章を書いてください（自分の所属はK大学としてもよいし、実際に所属している大学名を使っても構いません）。

アンケートのお願い

_____
_____
_____
_____
_____
_____
_____

終わったら 📖 42ページへ

【課題2】2-2

同様の設定のもと、フェイスシートを書いてください（記入のお願い文もつけてください）。

_____
_____
_____
_____
_____
_____
_____
_____
_____

終わったら 📖 43ページへ

所属 _____ ___年___月___日
番号 _____ 氏名 _____

| スキルアップ編　第10章 | アンケートのとり方 |

10
Japanese Expressions

【課題3】　ここまでのポイントをふまえ、「T大学の学生のインターネット使用傾向について、調査の観点を設定し調べる。アンケートは授業時にとり、回答時間は10分程度。」という設定でアンケート用紙を完成させてください。
　アンケート用紙は「お願いの文章」「フェイスシート」「設問」等を含んだ完全版としてください。ただし紙面の都合上、設問の項目は一部省略して構いません。

アンケートのお願い

所属 _____　____年____月____日
番号 _____　氏名 _____

基礎ドリル [4]　話し言葉と書き言葉の違い

　次に挙げる「成人年齢を18歳からにすることについて」というテーマで書かれた小論文は、小論文として不適切な表現があります。（例）にならって適切な表現に修正してください。

（例）<u>チョー</u>難しかった。
　　　非常に

　　わたしは、成人を18歳からにするっていう意見に賛成だ。だって、そうすることで、責任ある大人としての自覚が芽生え、成長することに繋がるって考えるから…。

　　自分もそうだけど、周りの友だちなんか見てても、もう大学生なのに、大学生らしい知識や判断力がいまいち足りないみたいに感じる。しかも、そのことに気付いてないっぽい人も少なくない。これは、今まで「子ども」という立場に甘えていた結果だと思います。

　　そんな状況を吹っ飛ばすにはどうすればいいのか。

　　それには、もっと早く、しかもはっきり「大人」なんだって突きつけられることが有効だと思います。そのことで、みんなが、自分自身を見つめ、大人とはどのような存在なのかをマジに考えることに繋がるんじゃないかな。

　　あと、バイトとかボランティアとか、がんがんやる！のもいいだろう。社会と積極的にかかわることで、思いやりとか忍耐力もつくし、あの人みたくなりたいっていう、理想の大人にも巡り会えるんじゃないかと思う。

所属 _____　_____年 _____月 _____日
番号 _____ 氏名 _____

スキルアップ編　第11章　> 資料の読みとり

11
Japanese Expressions

【課題1】　次の表は、日本の65歳以上の人口と、その人達がどのような家族形態で暮らしているか（夫婦だけで暮らしているか、子どもと同居しているかなど）を調べた結果です。この表から分かることを、最低1つ、考えてみましょう。

65歳以上の者の数　家族形態・年次別

（単位　1,000人）

年次	総数	単独世帯	夫婦のみの世帯	子と同居	子ども夫婦と同居	配偶者のいない子と同居	その他の親族と同居	非親族と同居
昭和55年	10,729	910	2,100	7,398	5,628	1,770	300	21
平成元年	14,239	1,592	3,634	8,539	6,016	2,524	445	29
平成7年	17,449	2,199	5,125	9,483	6,192	3,291	611	31
平成14年	23,913	3,405	8,385	11,251	6,249	5,002	830	42
平成18年	26,051	4,102	9,511	11,439	5,814	5,625	969	29

平成7年は兵庫県を除く。
厚生労働省大臣官房統計情報部編『平成18年　国民生活基礎調査』（厚生統計協会）をもとに作成。

分かったこと：

_____
_____
_____
_____
_____
_____

終わったら 📖 44ページへ

【課題2】 2-1　【課題1】の資料を用いて、ポイント①のチェック項目を実際にチェックしてみましょう（記載されていない情報は '？' と書いてください）。

☐ 基礎情報をおさえる

表題 _____

単位 _____

注 _____

調査対象 _____

調査項目 _____

調査時期 _____

調査機関（調査者） _____

次ページへ続く

所属 ＿＿＿＿＿＿＿＿＿＿＿＿＿＿＿＿＿　＿＿年＿＿月＿＿日
番号 ＿＿＿＿＿＿＿　氏名 ＿＿＿＿＿＿＿＿

11
Japanese Expressions

| スキルアップ編　第11章 | 資料の読みとり |

□　各項目間の数値をおさえ、各項目間の関係を割合で考えてみる
　　※ここでは、まず、総数に占める各項目の割合を計算して[　]内を埋めてみましょう（％の小数点第2位以下は四捨五入してください）。その後、割合がどのように解釈できるか考えてみましょう。電卓を持っていない人は、携帯電話を使って計算すると楽ですよ。

（単位　1,000人）

年次	総数	単独世帯	夫婦のみの世帯	子と同居	子ども夫婦と同居	配偶者のいない子と同居	その他の親族と同居	非親族と同居
昭和55年	10,729	910	2,100	7,398	5,628	1,770	300	21
	100.0%	[　]%	[　]%	[　]%	[　]%	[　]%	2.8%	0.2%
平成元年	14,239	1,592	3,634	8,539	6,016	2,524	445	29
	100.0%	11.2%	[　]%	[　]%	42.3%	17.7%	3.1%	0.2%
平成7年	17,449	2,199	5,125	9,483	6,192	3,291	611	31
	100.0%	[　]%	[　]%	[　]%	[　]%	[　]%	3.5%	0.2%
平成14年	23,913	3,405	8,385	11,251	6,249	5,002	830	42
	100.0%	14.2%	35.1%	47.1%	[　]%	[　]%	3.5%	0.2%
平成18年	26,051	4,102	9,511	11,439	5,814	5,625	969	29
	100.0%	[　]%	[　]%	[　]%	[　]%	[　]%	3.7%	0.1%

平成7年は兵庫県を除く。
厚生労働省大臣官房統計情報部編『平成18年　国民生活基礎調査』（厚生統計協会）をもとに作成。

□　表から分からないことは何かを考えてみる（このチェック項目を設けるかどうかで、資料の読みとり能力には大きな差が出ます）
　　※ここでは【課題1】の資料から分からないことは何かを考えてみましょう。

＿＿＿
＿＿＿
＿＿＿
＿＿＿

【課題2】2-2
【課題1】の資料を用いて、もう一度考えてみましょう。何が分かりましたか。

＿＿＿
＿＿＿
＿＿＿
＿＿＿

終わったら　46ページへ

| 所属 | 　年　月　日 |
| 番号　　　氏名 | |

スキルアップ編　第11章　資料の読みとり

【課題3】3-1

下の図は、全国の高校生の女子がセブンイレブンを何と呼ぶか示したものです。この図から分かることを考えてみてください。

※永瀬2006（詳細は参考文献欄）より一部抜粋したものです。下図に関する本章の考察や解釈も、永瀬2006によっています。

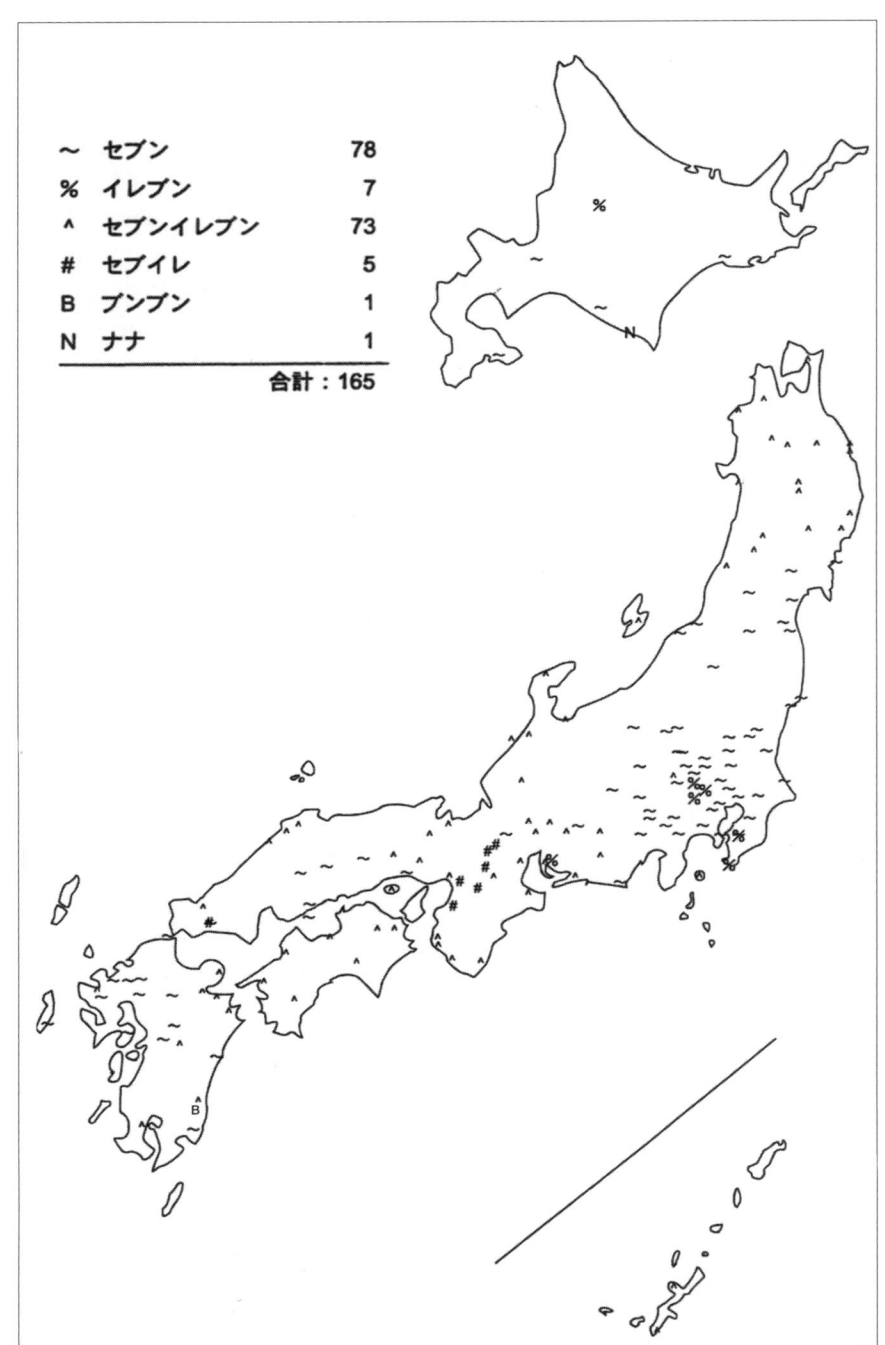

記号	呼び方	人数
～	セブン	78
%	イレブン	7
^	セブンイレブン	73
#	セブイレ	5
B	ブンブン	1
N	ナナ	1
	合計：	165

終わったら46ページへ

スキルアップ編　第11章　資料の読みとり

【課題3】 3-2

下の2つのグラフを比べて、読みとれることを書いてみましょう。Aは特に文脈なしに「これ、ぜんぜんおいしいよ」等という場合のグラフで、Bは、「まずいでしょう？」等の問いに対して、「いや、ぜんぜんおいしいよ」等と答える場合のグラフです。

※野田2000（詳細は参考文献欄）より、一部抜粋したものです（便宜上、筆者が、左のグラフをA、右のグラフをBとしました）。

A 「ぜんぜんおいしい」の世代別許容度（先行文脈がない場合）

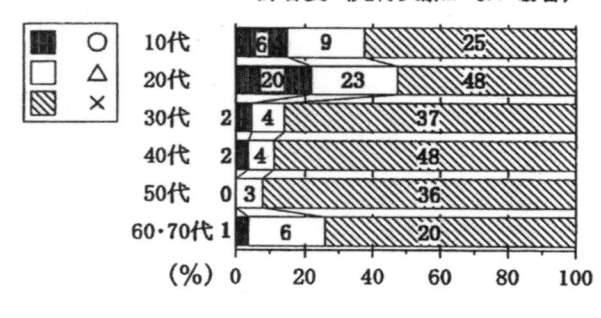

凡例	■ ○
	□ △
	▨ ×

10代　6　9　25
20代　20　23　48
30代　2　4　37
40代　2　4　48
50代　0　3　36
60・70代　1　6　20
(%)　0　20　40　60　80　100

B 「ぜんぜんおいしい」の世代別許容度（相手と異なる意見を述べる場合）

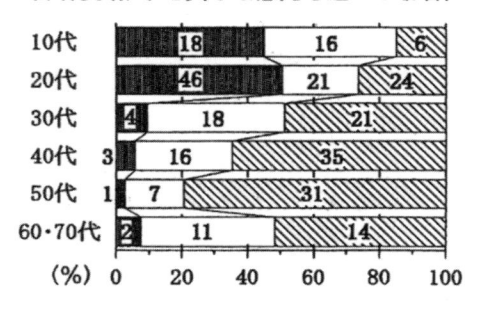

10代　18　16　6
20代　46　21　24
30代　4　18　21
40代　3　16　35
50代　1　7　31
60・70代　2　11　14
(%)　0　20　40　60　80　100

終わったら 47ページへ

【課題4】

次のような宣伝についてあなたはどう思いますか。

「米西戦争の間、米海軍の死亡率は1000人につき9人であった。一方、同期間のニューヨーク市における死亡率は、1000人につき16人であった。米海軍は、この数字を使って、海軍に入隊したほうが安全だと宣伝していた」

※米西戦争とは、1898年に起きた、アメリカ合衆国とスペインの戦争のことです。

所属 _____　　____年____月____日
番号 _____　氏名 _____

スキルアップ編　第12章　効果的なプレゼンテーション

12
Japanese Expressions

【課題1】
次の2つのレジュメは、「国語学演習Ⅰ」という授業における発表レジュメの冒頭です。どちらがレジュメとして適切でしょうか。どのような点がよい／悪いのかも考えてください。

《例1》

```
                会話における相槌の役割
                                            斉藤太郎
ある深夜、テーマを考えるのに行き詰まって近くのコンビニに出
かけたときのことだった。サンドイッチを買おうかおむすびにし
ようか迷ってお店を行ったり来たりしていたそのとき、今日の発
表テーマがひらめいたのだ。やはり、外国由来の食べ物と日本の
食べ物の間を行き来したことがよかったのだろうか…。それは
さておき、会話における相槌の役割について考えてみたい。
…（以下略）…
```

《例2》

```
国語学演習Ⅰ　2008.5.30
                会話における相槌の役割
              － 日本語母語話者と英語母語話者の比較 －
                                        0812334A　徳島花子

1. 発表の目的と結論

  目的：　会話における相槌の役割について、日本語母語話者と英語母語話者を比較することによって、その共通点や相違
  点を明らかにすることを目的とする。

  結論：　日本語母語話者と英語母語話者には、会話における相槌の役割について〇〇〇〇〇〇〇〇〇〇〇という
  違いがあることが明らかになった。

2. 調査方法
  （以下略）
```

終わったら📖48ページへ

所属 _____ ___年___月___日
番号 _____ 氏名 _____

| スキルアップ編　第12章 | 効果的なプレゼンテーション |

【課題2】

次のA・Bについて、グラフの種類は適切かどうか、理由も含めてそれぞれ説明してください。

A　平成15年度から平成17年度の社会保障給付費の変化を示したい場合

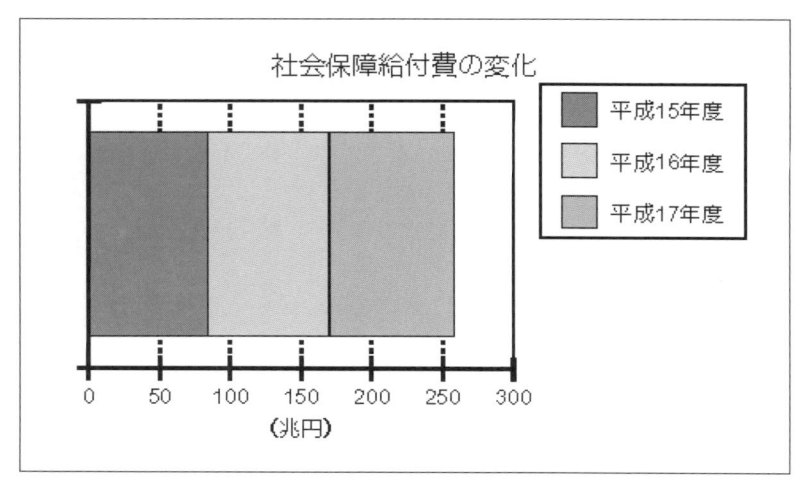

（グラフ：社会保障給付費の変化　―帯グラフ、平成15年度・平成16年度・平成17年度、単位：兆円、0〜300）

（データ出典：総務省統計局刊行、総務省統計研修所編集「日本の統計2008」をもとに作成。）

B　平成17年度における社会保障給付費の内訳を示したい場合

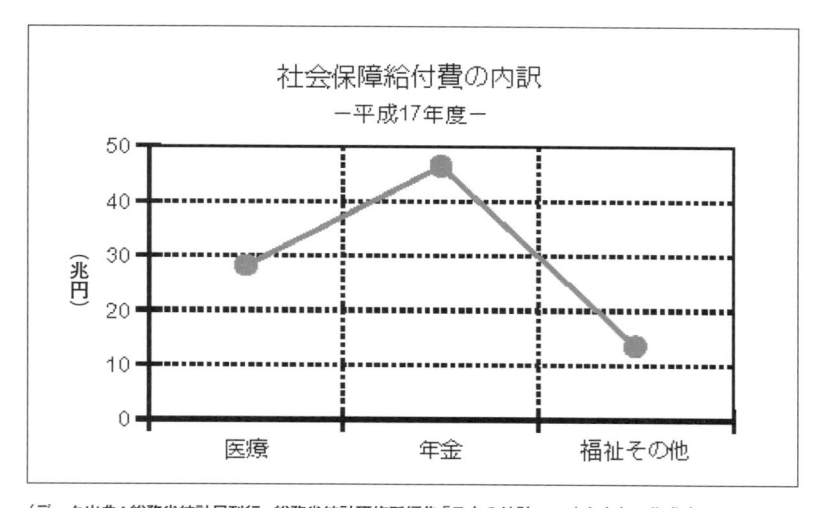

（グラフ：社会保障給付費の内訳 ―平成17年度―　折れ線グラフ、医療・年金・福祉その他、単位：兆円、0〜50）

（データ出典：総務省統計局刊行、総務省統計研修所編集「日本の統計2008」をもとに作成。）

終わったら📖51ページへ

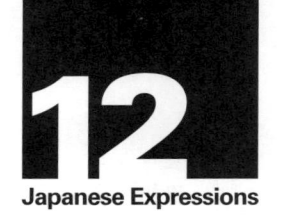

スキルアップ編　第12章　**効果的なプレゼンテーション**

【課題3】

次の2枚のスライドは、どちらが適切なスライドでしょうか。理由も含めて説明してください。

《スライド1》

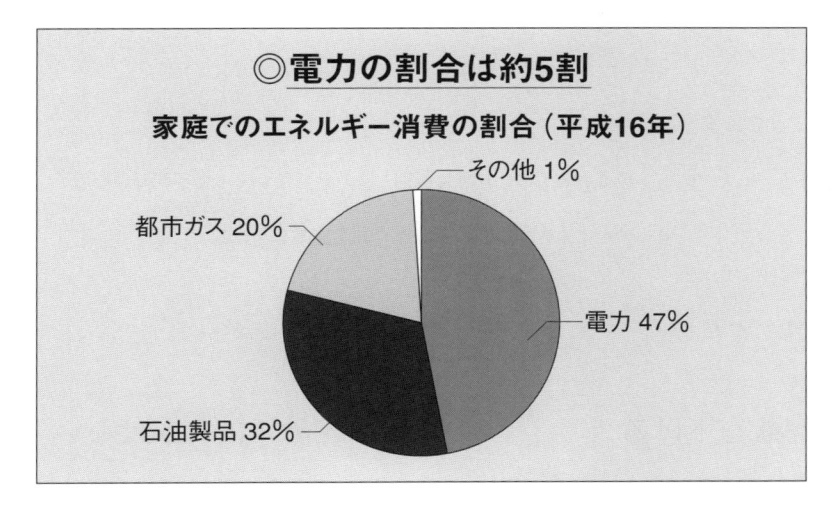

◎電力の割合は約5割
家庭でのエネルギー消費の割合（平成16年）
- その他 1%
- 都市ガス 20%
- 電力 47%
- 石油製品 32%

《スライド2》

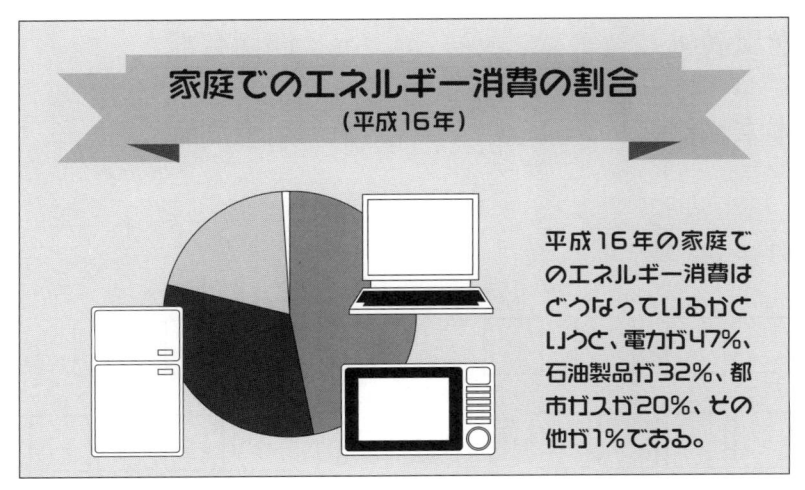

家庭でのエネルギー消費の割合
（平成16年）

平成16年の家庭でのエネルギー消費はどうなっているかというと、電力が47%、石油製品が32%、都市ガスが20%、その他が1%である。

《スライド1》《スライド2》データ出典：
総務省統計局刊行、総務省統計研修所編集「日本の統計2008」をもとに作成。

終わったら 51ページへ

基礎ドリル [5] 慣用句・ことわざ・四字熟語

A 下線部の慣用句・ことわざの意味のうちから、適切なものに○をつけてください。

[1] その係員は取ってつけたような説明をした。
- a 言葉遣いに気をつけている様子
- b わざとらしく不自然な様子
- c やる気に満ちた様子
- d しつこくてくどい様子

[2] そのやり方では二兎を追う者は一兎をも得ずになってしまう。
- a ウサギを一匹だけで飼うとさびしくなって死んでしまう
- b 似ているものを無理に区別しようとしてかえって不明確になる
- c 両方得ようとしてどちらも得られなくなる
- d 仲がよすぎて周りからねたまれ意地悪をされる

B 以下の慣用句・ことわざ・四字熟語のよみを記してください。

[1] 挙げ句の果て （　）（　）（　）
[2] 溜飲を下げる （　）（　）
[3] 歯牙にもかけない （　）
[4] 左前になる （　）
[5] 土壇場 （　）（　）（　）
[6] 一矢を報いる （　）（　）
[7] 怪我の功名 （　）（　）（　）
[8] 伝家の宝刀を抜く （　）（　）（　）
[9] 居丈高 （　）
[10] 雲泥の差 （　）（　）
[11] 医者の不養生 （　）
[12] 窮鼠猫を噛む （　）
[13] 覆水盆に返らず （　）（　）
[14] 三拝九拝 （　）
[15] 不倶戴天 （　）
[16] 直情径行 （　）
[17] 順風満帆 （　）
[18] 四面楚歌 （　）
[19] 孤立無援 （　）
[20] 本末転倒 （　）
[21] 用意周到 （　）

C 以下の慣用句・ことわざ・四字熟語を漢字で記してください。

[1] ［ふえ］ふけども［おど］らず
[2] ［か］ちゅうの［くり］を［ひろ］う
[3] ［すん］［か］を［お］しむ
[4] ［め］から［うろこ］が［お］ちる
[5] ［り］［ろ］［せい］［ぜん］
[6] ［いっ］［きょ］［いち］［どう］
[7] ［じ］［き］［しょう］［そう］
[8] ［りん］［き］［おう］［へん］
[9] ［ぜん］［と］［た］［なん］
[10] ［ふ］［げん］［じっ］［こう］
[11] ［いっ］［せき］［に］［ちょう］
[12] ［しゅ］［び］［いっ］［かん］

解説は 77ページ

所属 _____ ____年 ____月 ____日
番号 _____ 氏名 _____

スキルアップ編　第13章 ▶ **堅実なレポートの書き方1**

13
Japanese Expressions

【課題1】

あなたの考えている「堅実なレポート」とはどのような内容のものですか。内容の具体的なイメージを教えてください。※どうしてもイメージが湧かないようでしたら、とばして構いません。

_____
_____
_____
_____
_____
_____
_____

終わったら 📖 52ページへ

【課題2】

次のレポート課題について、「小規模な調査＋考察」のタイプ（Ⅰ型）か、「小規模な調査」だけのタイプ（Ⅱ型）か、を考えてみましょう。

(ア) 少子高齢化問題では何が問題か、またあなたはどのように考えるか。　　　_____型

(イ) 「のぼる」と「あがる」の違いについて自由に述べよ。　　　_____型

(ウ) 最近の青少年犯罪の特徴を犯罪心理学の観点から分析せよ。　　　_____型

(エ) 村上春樹の作品について自由に論述せよ。　　　_____型

(オ) 日本痛風・核酸代謝学会の「高尿酸血症・痛風の治療ガイドライン」を読み、100g当たりプリン体を200mg以上含む食品を10以上挙げよ。また、100g当たりのプリン体が50mg～100mgである食品を10以上挙げよ。　　　_____型

(カ) ピグマリオン効果とプラシーボ効果のそれぞれについて、心理学の入門書を参考に、各200字以内でまとめよ。インターネット上の情報は使用しないこと。　　　_____型

終わったら 📖 53ページへ

| 所属 | 　年　月　日 |

番号　　　　　　　氏名

スキルアップ編　第13章　堅実なレポートの書き方1

13
Japanese Expressions

【課題3】

次のレポート課題について、（例）を参考に、何が調査できるか考えてみましょう。できるだけ多くの調査課題を挙げてみてください。※調査課題を設定するための練習と割り切り、知りたいことや興味のあることなど、少しでも調査課題にできそうなものなら何でもよいので、どんどん書いてみましょう（少なくとも2つは考えてください）。

「レポート課題（ア）：少子高齢化問題では何が問題か、またあなたはどのように考えるか」について調査課題を設定してください。
　（例）「少子高齢化問題」を扱った新聞・雑誌などを調査し、何が論点かを調べる。新聞と雑誌で、扱っている論点が異なるのかにも興味がある。

調査課題

調査課題

「レポート課題（イ）：「のぼる」と「あがる」の違いについて自由に述べよ」について調査課題を設定してください。

調査課題

調査課題

次ページへ続く

所属 _____ ___年___月___日
番号 _____ 氏名 _____

| スキルアップ編　第13章 | 堅実なレポートの書き方1 |

【課題3】の続き

「レポート課題（ウ）：最近の青少年犯罪の特徴を犯罪心理学の観点から分析せよ」について調査課題を設定してください。

調査課題 _____
_____

調査課題 _____
_____
_____
_____

「レポート課題（エ）：村上春樹の作品について自由に論述せよ」について調査課題を設定してください。

調査課題 _____
_____

調査課題 _____
_____
_____

終わったら 54ページへ

【課題4】

教員に、自分の分野における、内容・体裁のお手本となる学術雑誌を聞いて、その雑誌の中から興味をもった論文を選び、入手してください。 ※メールで教員に依頼する場合には、第5章を参照。

お手本となる学術雑誌名 _____
興味をもった論文のタイトル _____
何巻何号の何ページにある論文か　（例）2巻1号の22ページ～42ページにある
_____

基礎ドリル [6] 二義的な文章・悪文訂正

A 次の文は2通りの意味にとれるあいまいな文です。どのような意味にとれるかを考え、一方の意味にしか解釈されない文に書き換える（2文以上にしてもよい）ことで、2通りの意味を説明してください。

[1] データから判断すると、この動物は暖かい昼間には活動できないようである。
　　①
　　②

[2] 調査対象として体重5kg以上の犬の子どもを選定した。
　　①
　　②

[3] 鈴木1987が述べているように全ての火山が危険なわけではない。※鈴木1987は架空の研究です。
　　①
　　②

[4] その研究では日本の人口統計を調べただけで世界の人口が増えていると主張しているわけではない。
　　①
　　②

B 次の文はいずれも修正すべき点のある「悪文」です。適切な文に修正してください。（2文以上に分けてもよいですし、文意が若干変わっても構いません。）

[1] 犬を飼うときに大切なのは、犬の気持ちになって考えることと、毎日散歩に連れていくことが大切です。

[2] 私の将来の夢は、医学部に入って一生懸命勉強し、子どもの命を助ける小児科医になりたいです。

[3] 昨日から頭痛が痛くて大変でした。

[4] 自分の将来に役に立つ経験が数多く得られる有意義な大学に入ってからの4年間を過ごしてください。

[5] 私の祖父は若い頃にアメリカに渡米して、4年間大学で学びました。

[6] 昨日は危うく遅刻をするところだったが、急いで準備をして家を出たのでなんとか電車に間に合ったが、途中で事故のために電車が止まり、結局授業時刻に間に合わなかったが、事故のせいで先生も遅れてきたのだ。

解説は 77ページ

所属 _____　_____年 _____月 _____日

番号 _____　氏名 _____

スキルアップ編　第14章　堅実なレポートの書き方2

【課題1】
お手本とする論文について次のことを調べてみましょう。

① 論題（論文のタイトル）_____

② 要旨の有無　　有　・　無　　　　要旨は_____字程度

③ 1頁の大きさ _____　　1頁あたりの行数 _____行　　1行あたりの文字数 _____字

④ 全部で何節の構成になっていますか　_____節の構成

　それぞれの節には何が書いてありますか。(例)にならって書いてみてください。なお、節にタイトルがあれば、それがヒントになります。また、各節の内容を詳細に書く必要はありません。

(例) 1節は研究の目的と結論、2節は先行研究のまとめ、3節は調査方法の説明、4節は……

_____

_____

_____

_____

_____

⑤ 調査の概要（調査対象や調査方法）について書かれた節はありますか。あるとすれば、どのようなことが書かれているか、まとめてみましょう。

_____節に書かれている。

調査対象：_____

_____

調査方法：_____

_____

次ページへ続く

所属 ＿＿＿＿＿＿＿＿＿＿＿＿＿＿＿＿＿＿＿＿＿＿＿　＿＿年＿＿月＿＿日

番号 ＿＿＿＿＿＿＿＿＿　氏名 ＿＿＿＿＿＿＿＿＿＿＿＿＿＿＿＿

> スキルアップ編　第14章　**堅実なレポートの書き方2**

⑥ 注には何が書いてありますか。また、どうして本文ではなく注に書いたと思いますか。注1〜注5まで、（例）にならって書いてみてください。

　　　（例）注1は文献の情報。本文に書くと読みにくくなるから。

注1は ＿＿＿

＿＿＿

＿＿＿

＿＿＿

＿＿＿

⑦ 参考文献と書いてありますか、それとも引用文献と書いてありますか。また、文献はどこで言及されていますか。

　　文献は、〔　　参考文献　・　引用文献　・　その他（　　　　　　　　　　）　〕と書いてある。

　　文献は、〔　　文献欄　・　注の中　・　本文中　・　その他（　　　　　　　　　　）　〕で、言及されている。

　文献はどのように書かれていますか。雑誌と図書の違いに注意しながら、（例）にならって、書いてみてください（何巻何号等の番号が入っているものが雑誌です）。

（例）柄沢彦泰 (2009)「"クラリネットをこわしちゃった"について―クラリネットは壊れていなかった―」（日本近代歌詞調査学会『近代歌詞探究』3-2、pp.50-70）であれば、

　　　　名前＋（西暦）＋「タイトル―サブタイトル―」＋（雑誌発行機関『雑誌名』巻号数と頁数）

などのように書いてください。　※（例）は架空の研究です。学会名なども架空のものです。

雑誌 ＿＿

＿＿＿

図書 ＿＿

　それが終わったら、文献がどのような順で並べられているか考えてください。

　　文献は、〔　アイウエオ順　・　アルファベット順　・　本文中に出てきた順　・　その他（　　　　　　）　〕で並べられている。

⑧ 論文はどんな文体で書かれていますか。〜デアル体ですか、〜デス・〜マス体ですか。

　　　　　　　　　　　　　　　　　　　　　　＿＿＿＿＿＿＿＿＿体で書かれている。

次ページへ続く